たった10秒すごい

瞑想

Confidence method

～確信メソッド～

大友 紅離裟

はじめに

私はニューヨークにいたころ、心身の不調に苦しみ、食事療法、代替医療などありとあらゆるものを試したのがキッカケで、エネルギーヒーリングを学び、教えるようになりました。もともと教えることが好きで教師をしていましたが、それからはスピリチュアルなことを伝えるように導かれていると強く感じます。

この本には、私の考案した願望実現法「確信メソッド」について詳しい説明も含めた具体的な手順、どんな時にどのように使うかの実践例を紹介し、あなたが確信メソッドを使って願望実現するのに必要なこと全てを書きました。

また、確信メソッドをしていてわかった**「自分を信頼すると全てが叶う」**ということも合わせてお伝えします。

確信メソッドは、特殊能力や難しい技術など必要なく、誰でも10秒ほどでできる瞬間瞑想のようなもので、新しい願望実現法です。

イメージをしなくていいのでイメージをするのが苦手な方でもできますし、思っていることをそのまま「確信」するだけなので考えずにパッとできます。

例えば〝職場に苦手な人がいてストレスがたまる〟と思ったら、「職場に苦手な人がいてストレスがたまる、これについて確信する」と、そのまま思っていることについて確信メソッドをしていいのです。

〝ストレスがたまる〟のようにネガティブなことを確信すると、そうなってしまうのでは？　と思うかもしれませんが、ストレスがたまることについて本当はどうしたいのか、何が最善なのかが全てわかっている『真意識』というところで〝最善なことを「確信」〟するので、どんな言葉を使ってもいいのです。これについては第4章の《ネガティブなことでも確信していい願望実現のしくみ》で詳しく書いています。

「確信メソッド」は願いを叶えたい時にも使いますが、子どものことが心配な時、家族にイライラする時、仕事で失敗をしてしまった時など、日常の様々な場面で使えます。

時代が変わって便利になったり、今までできなかったことができるようになっても、新たな問題が出てきたり、不安や心配、ストレスなどはなくなりません。どんな時代もそうですが、大きな変革期である今は特に、不安や心配などの他、新しい生活様式への戸惑いやストレスも大きいものです。そんな時に簡単に自分でケアができる方法も具体的に本書ではお伝えしています。

・わかり合えるパートナーが欲しい
・経営や実績の不安を解消
・親やパートナーとの問題解決
・子育て中のストレスや自己嫌悪を解消
・願望実現をしやすくするお金の価値観に変える方法
・インナーチャイルドが癒され「本来の自分」を生きるための実践
・ネガティブな思い込みを手放し願望実現しやすくする

願望実現家としてスピリチュアルを使って願いを叶える方法を研究し、確信メソッドを開発し検証を続けてきましたが、確信メソッドは単なる願望実現法ではないとわかりました。

確信メソッドは、本当のことや本質がわかったり、物質にこだわらなくなったり、欲のエネルギーを利己的から利他的へ向かうようにするなど、**これからの調和の時代を軽やかに生きるのをサポートするツールなのです。**

第10章の自分を信頼するためのトレーニングは「覚醒」のトレーニングともいえる大きな意識変化も起こるような実践ワークですが、願望実現をしやすくするものでもあります。

是非この本を活用してあなたの願いを叶え、**「自分を信頼すると全てが叶う」**ということを実感していただければと思います。

大友 紅離裟

目次

Contents

Contents

Contents

自分を信頼すると全てが叶う

Confidence Method Book

第1章

確信メソッドと全てが叶う自己信頼

願望を実現するためのノウハウや、こうだったらいいなと思うことを引き寄せたり、願いを叶えたり悩みを解決する方法はさまざまなものがあり、あなたも試したことがあるかもしれません。問題の解消や願望を実現するために、ありとあらゆる方法を試してきた私はある時、もっと確実に簡単に効果を得られるものをつくれないかと思い開発を試みました。試行錯誤を重ね、長い年月がかかりましたがようやくできあがったのが**「確信メソッド」**です。

そして確信メソッドを開発したあと**「あること」**によって、自分ではどうすることもできないと思うようなことさえも解決・実現し、叶うということがわかりました。確信メソッドと、「あること」はネガティブな視点を変え行動できたり、不安やストレスを感じなくなったりと、心のケアもできるので、多くの人にこれらを伝えたいと思ったのです。

「自分ではどうすることもできないと思うようなこと」さえも解決したり実現したり、全てが叶う**「あること」**とは何か?

それは「自分を信頼する」ことです。

本書では、自分を信頼する新しい願望実現法**「確信メソッド」**と、自分を信頼すると全てが叶うということを、願望実現に重要なポイントも含めてお伝えします。この本は、あなたがどんなステージにいてもあなたが自分を信頼でき、全ては叶うと実感するのをサポートします。

自分を信頼するとは

「自分を信頼する」とは一体どういうことかというと、ただ自分を信じるということではありません。**自分軸と自尊心をしっかりと持ち、自分を確信している**状態です。

確信とは、確かだと信じて疑わないこと。それが当たり前、当然なこと。

自分を確信している状態では、「私たちはみな唯一無二の存在で、どんな自分も存在が素晴らしい」ということが腑に落ちてわかっています。だからこそ自分軸と自尊心をしっかりと持つことができるのです。

この状態でいることで、願望実現もしやすくなります。余計な心配などせずに必要な行動やチャレンジができたり、失敗しても自分を責めたり嫌な気分になったりもしないので、再チャレンジをすることで願望を実現する可能性を高めます。

また、自分を客観的に見ることができ、意識の転換やより良い方法を思いつくこともできます。

第4章の《何かにお願いはしない》（60頁）で、願望実現に自分を信頼することが大きく影響する理由をまとめていますので、そちらを読んでいただくとより理解できると思います。

自分を信頼するには

さて、ではどうしたら自分を信頼することができるのかというと、その方法は１つではありません。カウンセリングやセラピーなどを受けたり、本やプログラムなどを使い自分でする場合もありますが、どんな自分もいいと受け入れることができるように、それを阻むような思考パターンや思い込みを変える方法や、「自分を信頼している」と何度も言い聞かせてそう思い込ませる方法など、さまざまなものがあります。

それぞれの好みやマインドセット、その方法を試した時の状態・感覚によって違うので、どの方法が一番いいとは言えません（**マインドセットとは環境や経験などを通して形成される価値観や観念を含む、ものの考え方**。「価値観」とはどんなことに価値を認めるかという個人個人の評価的判断で、「観念」とは物事に対しそれぞれが持つイメージや考え）。

良いところとそうでないところはどんなものにもあるものですが、確信メソッドは私が今まで実際に使った願望実現、自己信頼の方法などと比較して、**簡単でいつでもどこでもでき、何の道具もいらず、お金をかけずに自分の体と意識だけで、10秒ほどでできるので手軽**です。しかも現実での実感があり、自分を信頼するのに有効だと感じます。確信メソッドを使ってみると、自分を信頼することがこんなに簡単にできるんだ、と驚くかもしれません。

確信メソッドは**「あなた」**が問題を解決するのを助け、願望実現をするキッカケを与えてくれるツール（道具）であり、自分を信頼するためにも使えるものですが、手放しで勝手に全てをしてくれるわけではありません。

他のどんな方法を使ってもそれは同じで、最後は「あなた」だということを心に留めておくことが、願望実現をする上でも自分を信頼する上でも重要です。願望実現も自分を信頼することも**「あなた」**がすることで、他の誰かや何かがすることではないからです。

あなたがこの本をどう読むか、どう使うかは自由です。途中で読みたくなくなって読むのをやめるかもしれません。おみくじみたいにパッと本を開いたページで目についた部分を『自分に必要なメッセージ』として受け取るかもしれません（そのように使っていただけるように意図して書いていますので是非やってみてください）。私はよく、本をパラパラ見たり目次を見て「ここを読みたい」と思ったら、小説でも後ろの章を先に読んだりします。途中から読むと前のほうに書いてあることがわからないとか、小説だったら結末がわかってしまうと思うかもしれませんが、順番通り読むのとさほど変わりなく感じます。他の人が同じように読んでどう感じるかはわかりませんが、本の読み方は自由ですから、この本もどの章から読んでもいいのです。

「本は前から順に読むものだ」と思っていたとしたら、後ろから読もうとか、本当にそうなのか？　自分はどうしたいのか？　ということは考えないものです。これからあなたがこの本を読み実践をしていく中で「そう思っていただけで実際はそうじゃない」と気づくこともあるでしょう。そういう気づきが自分を信頼するキッカケになるのです。

あなたが今、自分を信頼するのは難しいと感じても、**どんな方法を使っても最後は「あなた」だということを心にとめておき**、キッカケをつくり、自分で確信していくことで自分を信頼することができます。具体的にはこの本を読みながら実践していくことですが、もし「読まないといけない」とか「ワークをしないといけない」と負担になったら、目次や見出しを見てみて気になるところや読んでみたいところがなければ、無理に読んだりワークをしなくてもいいのです。いつでも、またこの本に戻ってくることはできます。**あなたが心地よい状態を知ることは、自分を信頼するためのトレーニングでもあります。**

自分を信頼することで意識が広がる

自分を信頼することとは、自分の思うことだけが正しいと頑なになるということではありません。自分を信頼するということは一見、自分だけの問題、自分だけに関係するように思えますが、実はそうではありません。**自分を信頼すると、自分がわかった状態になります。その状態になると、意識が自ら広がっていくのです。**

私たちはもとは1つだったところから分離してこの3次元に人間として生まれていて、そのもとの1つに全ての存在はつながっているという「**ワンネス（Oneness）**」

という概念があります。

私たちが人間として生きる3次元は、自分と他人、優劣、良し悪しといった分離の世界で、問題や悩みを抱えています。願望を実現したい、欲求を満たしたいといった分離によって起こる苦悩や学びを体験し、それを終えて肉体を離れると、またその1つへ戻るというものです。

ワンネスというと**1つだから私もあなたも同じということではなく**、イメージ的にはジグソーパズルの1つのピースがそれぞれで、それらが集まって1つになるというような感じです。自分を信頼するとそのワンネスを感じる、**無意識で思う**、といったことが起こります。


自分を信頼すると、他を信頼することができるようになります。他を信頼するというのは、むやみやたらに信じるということではありません。自分を信頼したように、他を信頼できる、宇宙を信頼できるということです。他や宇宙への信頼によって、自分を信頼している時以上に安心感や自分の存在の素晴らしさを感じ、信じられないことも起こるようになるでしょう。

これからお話ししていくことも、1つずつが大事なピースであり、それらが集まって最終的には確信メソッドはただの願望実現法ではない、ということがわかっていただけると思います。ですが、まずはこの**3次元での問題解決や願望実現に確信メソッドを使い、自分を信頼すると全てが叶うということを実感しながら日々をより楽しく過ごしていただきたいと思います。**そうすると、それ以上の何かを見出したり、もたらしたりすることもできるのです。

では自分を信頼することと願望が実現することに重要な、自尊心と自分軸について見ていきましょう。

Confidence Method Book

第2章

願望実現と自尊心

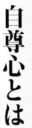

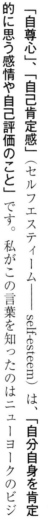

自尊心とは

「自尊心」、「自己肯定感」（セルフエスティーム――self-esteem）は、**「自分自身を肯定的に思う感情や自己評価のこと」**です。私がこの言葉を知ったのはニューヨークのビジネスカレッジでビジネスマネジメントを勉強していた時でしたが、その時は字ヅラだけで意味がよくわかっていませんでした。

自尊心とは、わかりやすく言うと**「自然に自分のことを大切に思うこと」**です。最初に述べた「自分を信頼する」ことは、自尊心があってこそできることです。自分を尊いと思う心があまりないと自分に価値がないように感じたり、自分はダメだと自分を否定したりしてしまいます。そんなふうに自分を否定した状態では、自分を信頼することはできません。

また、自分のことをただ高く評価していれば自尊心が高いということでもありません。本心ではそう思っていないにもかかわらず、自分はすごいと自分で言ったりすることもあります。無意識のうちに自分のことを非常に高く評価し、素晴らしい自分をつくり上げることで、表面的には自信があるように見えるけれど自尊心は低いという場合があります。

願望を実現したい時に、その願望が実現するのを素直に受け入れられる状態でいることはとても重要で、自尊心を持つとそれが自然にできるのです。また、自尊心が高いとどんな自分もいいと自然に思えるので、たとえ願望を実現できなくてもいいと思えます。そういう意識でいることでチャレンジしやすくなり、願望実現の可能性が高くなります。願望実現だけでなく、他のこともそうです。何かができなくても、それで自分の価値が変わらないので自分は自分でいられます。つまり、自分軸をしっかりと持つことができるのです。

自分軸をしっかりと持つ

あなたが持っている個性はあなただけのものですから、他の誰も持つことができない素晴らしいものです。もともと自分のことはわかりづらい上に**他人軸**になっていると、自分の持つ個性が表に出なくなってしまい、余計に自分の素晴らしいところを認識できなくなります。

他人軸とは評価や判断を他人に合わせてしまうことで、他人に認められるために行動したり、自信がないせいで他人の意見に合わせて行動したりします。ある人がいいと思っていることを、ある人はいいと思っていない。そのそれぞれに合わせようとするので一貫性がなく、どうしたらいいかわからなくなります。それに対し**自分軸とは「自分はどうしたいのか」「自分はどうありたいか」がわかっていることで、それを基準に考え行動**します。

自分軸は自分勝手？

自分軸というのは自分勝手ということではありません。自分軸を持つと、大切だと思うこと（価値観）が自分と他人のそれぞれにあるということがわかり、私はこうなんだ、あなたはそうなんだ、と思うことができます。

だからこそ自分の言いたいことを言い、相手の言いたいことを聞きます。自分軸と自尊心をしっかり持っていると「自分そして他人は尊い」ということがわかった状態なので、自分さえ良ければいいといった願望ではなく、自分と周りに良い影響を与えるものが自然に思いつきます。

自分軸は自分と他を分けようとするものではなく、それぞれの個性や価値観の違いはあるけれど、存在が尊いということは同じだということが根本にあり、その上で「自分はどうありたいか」がわかっているということです。

よくあることですが、あなたの価値観に共感する人もいればしない人もいます。例えば、あなたがラーメンがすごく好きで、どこかに行くと必ずご当地ラーメンを食べたくなるのですが、あなたが一緒に旅行をした友達はそばが好きだとします。そんな時に友達に自分が好きなラーメンの話をすると「私はそばが好きだけど、そのラーメン食べたい！」と言うかもしれませんし「私、ラーメンはあまり好きじゃなくて、そばが好きなの。ラーメンとそばが一緒に食べられるお店はないかな」と言うかもしれません。

価値観の違う人に「それは違う」と非難したり、無理にでも共感させたいと思ったりしてしまうこともありますが、それは自分軸をしっかり持てておらず、自分自身も信頼できにくい状態なのです。

ケーキは○○で食べていい！

私はフォークを出したのに「箸でいい」と言われ、ケーキを箸で食べる主人を見て衝撃を受けました。「箸なんてあり得ない！」とその時は違和感を覚えたのですが、それは私が「ケーキはフォークで食べるべき」と思っていたからです。主人は「ケーキは箸で食べてもいい」と思っているので、ケーキを食べる時に箸があればフォークを取りに行かずに箸で食べます。それぞれの価値観や育った土地、環境、経験などで「当たり前」「普通」「そうするべき」「こうあるべき」という**強い観念**ができ上がり**固定観念**となります。

それぞれに「当たり前」だと思っていること、大事なことや価値を置いていることがあるとわかっていないと、自分の価値観を押し付けたり、自分が正しくて相手が間違っていると思ったり、それ以外を認めなかったり、自分をわかってくれないと感じたりと嫌な思いをするのです。自分の価値観や自分の「当たり前」が全てではなく、それ以外のものもあり、人それぞれに価値観やこうだと思うことがあるとわかっていてそれを受け入れていれば、その人はそうなんだ、こういうこともあるんだ、と思って落ち着きます。

自分軸に戻る――
自分軸をしっかり持つためには

私たちは生まれた時は自分軸（まだ不完全ですが、他人軸にはなっていない状態）です。成長するに従って、他人から認められたいと思う感情（承認欲求）が湧いたり、自分の選択が不安になったり、人にどう思われるかが気になったり、相手のことを考えすぎて自分の気持ちを押し込めてしまったり、自分がどうしたいか、どうありたいかよりも他人の考えを優先したりしてしまいます。

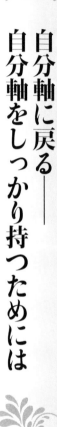

生まれた時の状態に戻るということではありませんが、他人と自分が同じように尊い存在だとわかった状態で、自分がどうありたいか、自分はどうしたいか、自分は何を望んでいるかがわかると行動がしやすくなり、願望も実現しやすくなります。それによって自信も出てきて、一層自尊心も高まっていくという良いスパイラルへと導かれます。

自分の存在が尊いとわかると、自分だけでなく他の人も尊いとわかります。自尊心を高く持つには、この**自分軸の基盤（「自分の存在は尊く他の人も尊い」とわかっている状態）**を持ち、自尊心を高く持つことを妨げている要因を解消しながら、自分がどうありたいかわかった状態にしていきます。

これから実践をしていきますが、自尊心を高く持つことを妨げたり、行動に影響を与えている思い込み、**「心のブロック」**について触れておきましょう。

思い込んでいる信念――心のブロック

一旦こうだと思い込んでしまうと、自分の中ではそれが「正しい」「当たり前」「そういうものだ」になっていて、実際違うとしても信じられず、そうだとは思えないものです。**無意識にそう信じている、思い込んでいる信念（心理学用語ではビリーフ）を心のブロック**とも言います。そうじゃないのにそういうものだと思い込み、ネガティブに考えたり、自信を持てなくなったり、行動できなくなったりすると願望実現もしづらくなります。

思い込んでいる信念（心のブロック）には、経験からそう思っていることもありますし、やってもいないのにそう思っていることもあります。例えば「腕立て伏せが5回しかできない」と思っていても、実際に今何回できるかはやってみないとわかりません。前はできなかったとしても今はできるかもしれませんし、少しトレーニングすればできるようになるかもしれませんし、反対に、以前は5回できても今はできないかもしれません。今できるかは、今やってみないとわからないのです。体験しなくても誰かが言っていたことを無意識に思い込んでいて「自分には5回しかできない」と思っているだけなのかもしれません。

このような心のブロックによって自分には絶対できないと思い込んでいたら、やろうと思わないのでチャレンジもしないか、もしチャレンジしても**できないという思いが本当にできなくしてしまう**のです。

「本質的なブロックは幼少期に作られる」と心のブロック専門家の碇のりこさんの著書(『こころのブロック』解放のすべて」Clover出版　34頁参照)にもありますが、こういった心のブロックの多くは幼少期の影響を大きく受けています。特に幼少期は親から言われたことをそのまま受け取り、そういうものだと思い込んでしまうのです。

こうするべき、こうあるべきなど親や周りの価値観がそのまま自分の価値観となってしまうことも少なくありません。

長い間持っている思い込みや心のブロックを解放するのはなかなかできないものですが、確信メソッドはそれが簡単にできてしまいます。頭で考えない方法で思い込みや心のブロックを解放します。

頭で考える方法と頭で考えない方法

私たちは普段、目標を達成したい時や何か問題が起きた時、どうしたらいいか考え、行動し、解決しようとします。

しかし、自分にはできない、きっと無理だ、失敗したらどうしようと不安になったり、人からどう思われるか考え、怖くなったりすると行動できなくなります。実際はどうかわからないことを「こうだ」と**無意識に思い込んで**いて行動にブレーキをかけていたり、不安に感じたりするのですが、たとえそうしないようにしようと頭で頑張っても無意識にしてしまうので、なかなかそれを変えたりコントロールしようとしてもできません。

頭で考える方法では、普段私たちが計画を立てたり、考えたりしている意識（顕在意識）を使い、ここからアプローチしていき、それを無意識に作用させます。無意識に届くまで時間がかかったり、なかなかできなかったりしますが、頭で考えない方法では無意識（潜在意識）へ直接アプローチすることで、より簡単に短時間でできます。これから紹介する確信メソッドは頭で考えない方法です。頭で考えるのとは違う方向からのアプローチですので、これでいいのかよくわからないと感じたり、信じられないと思うことがあるかもしれません。

Confidence Method Book

第3章

確信メソッドとは

スッとお腹に願いを落とし
潜在意識で「確信する」願望実現法

確信メソッドは、潜在意識を「確信」させることで願望を実現する方法です。

10秒ほどでできる瞬間瞑想のようなもので、特別な力や何かのエネルギーを使うものではありません。誰でも意識と体を使ってできるものです。体を使うというのは体を動かすのではなく、頭頂、おへそ、腹、という体の部分を意識することです。

確信メソッドは願望を実現するだけのものではなく、問題解決したい時や何か迷っている時、選択しなくてはいけない時など日常のさまざまな場面で使えます。

確信とは、確かだと信じて疑わないこと。それが当たり前、当然なこと。

確信メソッドをすると**潜在意識（無意識）が「最善なことを確信」した状態**、つまりそのことについてわかっている状態、当然な状態になり、それが現実へ反映されていきます。

10秒でできる瞬間瞑想

確信メソッドは次の3つを行うだけで数秒〜数十秒でできます（詳しい確信メソッドの手順は第5章【〈実践〉確信メソッド】（71頁）をご覧ください）。

①願望や解決したいこと、今の状況などを心の中で思い「これについて確信する」と心で言う
②その意識を頭頂から腹へ下ろす（途中おへそを通過したら「０（ゼロ）を通過」と心で言う）
③腹を愛で満たす

瞑想とは、心を鎮め雑念を払い無心になることを言いますが、確信メソッドでは頭で考えていることがおへそ（０ポイント）を通り「０を通過」と心で思うと、思考からの感情や不要なものが一旦０に解放され、そこで瞬間的に無心になります。そして頭で考

えていたことがお腹へ落ち、愛で満たされると心が鎮まる、という逆の過程になります。

願望を実現するお腹の秘密

確信メソッドでは、頭（顕在意識）で考えていることを「確信する」と思い、それをお腹に落とします。**お腹に願いを落とすのはどうしてか？** それは、**お腹に願望を実現する秘密がある**からです。

願望を実現するお腹の秘密

1 0ポイント（おへそ）

顕在意識と潜在意識（無意識）の間に何もない「無」のポイントがあり「0（ゼロ）ポイント」と言っていますが、宇宙の根源につながっていて物質世界をつくっています。実は0ポイントは私たちの体にあるのです。それは**おへそ**です。おへそは生まれるまで母親から栄養や酸素をもらう臍帯《さいたい》＝へその緒の名残であり、生まれたあとは特に役割はない、というのが医学的な見方です。肉体を持った人間として生まれる時に魂（超意識）やその先へつながるしるしを肉体に残したのではないかと私は気づいたのですが、それはおへそは内と外を皮一枚でつないでいる場所で、そのすぐ内側の**腹（腸）が心そして魂（精神）、霊性とつながるところ**だと、いにしえの時代から無意識に思われていたのです。

0ポイントで無心になると先に言いましたが、頭で考えている意識がここ「無」に落ちることで、今までの思考からの感情や不要なものが0に解放されます。この0ポイントを通過すると潜在意識へと向かうのですが、その入り口となるのが「腹（腸）」なのです。

❷「腹（腸）」

お腹の痛みや不調で病院で診てもらうと「緊張」や「ストレス」が原因だと言われることがあります。お腹がストレスを感じやすい場所なのは体の中で「感じる中心」だからです。

また、腹は本心、心という意味で使われてきました。「腹を決める」は決心すること、心が張り裂けるような思いのことを「断腸の思い」というように、腹、腸を心の意味で使う言葉は他にもたくさんあります。

新渡戸稲造の『武士道』という書の切腹の意味というところでも、日本人は「**腹には魂と感情が宿っている**という古くからの信念がある」ということ、魂が宿る場所=腹を切って汚れているか清らかかどうかを見てもらう、ということが書かれています。しかしこれは日本人に限ったことではなく、お腹（腸）は魂の在るところだと古くからさまざまな国や地域で思われていたことを、新渡戸稲造は旧約聖書の中の言葉や、ユダヤ人が肝臓や腎臓その周りの脂肪が感情や生命の宿る場所だと考えていたこと、ギリシャ語やフランス語の腹を意味する言葉が心や感情とつながっていることなどで示しています。

このように腹は**心や精神、魂とつながるところ**だと人間は無意識にわかっていたのです。

❸「無条件の愛で腹を満たす」

「愛」というと、人によって想像するものはそれぞれですが、**本来愛は1つ**なのです。

お腹（潜在意識の入り口）に頭で考えている意識を持っていき、愛で満たすと意図する（心で思う）と、真意識はそれについて最善なことを潜在意識で確信し、無条件の愛で満たします。

真意識については後ほど詳しく説明しますが、**真意識は個人と宇宙が調和する意識で、宇宙の基本的な調和の波動と共鳴しています。**この基本的な調和の波動（エネルギー）こそが無条件の愛であり、**無条件の愛が本来の「愛」**なのです。この無条件の愛の波動は強く優しいエネルギーで確信をサポートします。

お腹で感じることから悟りへ

私たちは、頭の中でつくり上げたことによって不安や苦しみに悩んでいます。頭で考えている意識を、感じる中心の腹へ下ろすことは、頭からそれを離し、感じる（わかる）ことをしやすくします。

確信メソッドは、**頭を使うのではなくお腹で感じることでわかる（悟る）**ことができるのです。

確信メソッドができた経緯

私は今までエネルギーヒーリング、潜在意識を使ったワーク、引き寄せの法則や心のブロック解放などさまざまなものをしてきましたが、願いが叶うことや引き寄せに特に興味を持っていました。それは、小さいころからこうだったらいいのになと思ったことが現実になることが多かったからです。しかし、叶わなかった願いもたくさんありました。

大好きだった俳優のレオナルド・ディカプリオと話すことや、ニューヨークでヒーリングサロンをつくること、アメリカで永住権を獲得することなど、叶えたいことに引き寄せの法則やその他の方法を使ってみたり現実でも動いてみたりしましたが、それらは叶いませんでした。変化を感じられたものもありましたが、実現したり現実の変化をそれほど実感できるものがないと感じ、**誰でも100％願望を叶えられる方法はないのか？**と思ったのです。

ですが、そんなものは私の知る限りではありませんでした。それはなぜかはこの先で説明しますが、私は「ないならつくってみよう」と思い開発を始めたのです。今までの経験や知識、直感やひらめきを使い、試行錯誤と検証を重ねました。なかなか思うようにいかず、諦めかけたこともあります。それでも、もしかするとできるかもしれないと、気づきがあった時に取り組み続けました。開発を始めてから3年ほど経ったころ、やっと原型というものができ上がりました。それが確信メソッドです。そのキッカケとなったのが突然やってきた「思いも寄らない大きな問題」でした。

ある時、「思いも寄らない大きな問題」が3つ同時に起こりました。しかも早急に解決、対処しないといけないような切迫したものでした。

1つ目は、ニューヨークで講座を開く時の予定が大きく変更になったこと。

2つ目は、子どものこと。

3つ目は、私が個人的に心的打撃を受けたこと。

これらの対処を同時に、早急にしないといけなくなりました。私はそこで確信メソッドを使ってみたのです。こんな時に使わなくてどうする？　これでいい結果になったら、完成の希望が持てる。そう思って、普段使っているさまざまな対処法を一切使わず、確信メソッドのみを使いました。

次の日、自分でも驚きましたが全てが解決していました。完成した！　もっと試してみよう！　と、そのあとも自分で試してみてさまざまなことに使ってみました。すると100％思い通りではないけれど、願望実現に使えると思えるほどでした。それから自分だけではなく他の人も使えることにフォーカスし改良を続け、不特定多数の方がどんなふうに使えるかを確かめるために2016年6月にブログで公開し、確信メソッドを多くの方に試していただきました。

確信メソッドは誰でも何でも100％思い通りになる願望実現法？

確信メソッドは願望実現法として紹介していますが、確信メソッドをすると誰でも100％何でも思い通りになるかというと、そういうことではありません。世界征服したい！　という数万人の願いや同じアイドルや芸能人が好きで付き合いたいという願い、自分さえ満たされれば相手や周りのことなんてどうでもいい、ということが思い通りになったとしたら？　この世に生きているのが一人ではなく複数いるため、一人一人の思い通りになると調和がとれず混乱が起きてしまいます。人間として生きること、幸せを感じることができなくなるのです。

こういった願いは「欲」「欲求」です。

「欲」と聞くとあまり良くない印象を持つことが多いのですが、食欲・睡眠欲・性欲の他にもたくさんの「欲する」ことが人間なら誰にでもあります。人間には「欲」があり、それを満たしたいと思うからこそ、どうしたらそれが満たされるか考え、どうにかしてその欲求を満たすための努力をします。それが生きる力（エネルギー）になるのです。

欲は利己的なものから始まり、最終的には自分を超え、利他的なもの、そして一体化した欲になると私は考えます。私たちはもとは1つ（ワンネス）であるからです。本来「欲」は人間として生きるための原動力であり、人間として生きる幸せのために与えられた愛だと思うのです。

これは、欲望や欲求は決して悪ではない。人間が基本的な欲求を持っているのは自然なことで、欲求を抑えるより欲求を引き出しその欲求を満たすほうが、より健康的で生産的で幸福になると考えた、アメリカの心理学者Ａ・Ｈ・マズローの考えとつながっている、とある時気づきました。彼の理論に「マズローの欲求５段階説」といわれるもの（正しい名称は「欲求の階層」）があります。「人間は自己実現に向かって絶えず成長する」と仮定し、欲求には優先度があり、低次の欲求が満たされるとより高次の欲求が現れるという理論です。

確信メソッドは他と調和した最善を確信する

「本来『欲』は人間として生きるための原動力であり、人間として生きる幸せのために与えられた愛だと思うのです」と言いましたが、それは「欲求の階層」に見られるように、**人間は高次の欲求を自然にしていくもの**で、人間として生きること、そして幸せを感じることができるのは、**自分さえ満たされれば相手や周りのことなんてどうでもいいという「欲」**を満たすことではなく、**他と調和した「欲」**を満たすことだからです。

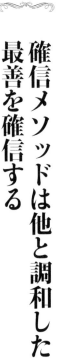

私たちが「欲」をどう使うか「欲」をどう満たすのか。満たされた「欲」や満たされない「欲」をどう感じ、どんな行動をするのか。人間が滅びてしまわないよう大いなる存在、宇宙は見守っています。宇宙の一部である人間はもともと1つだったことを無意識ではわかっていて、**真意識では宇宙の基本的な調和の波動――無条件の愛と共鳴しています。**

この世でそれぞれが欲の階層を上げていき、調和しながら欲を生命エネルギーに変換して生きていくことと、自分以外の生き物と生きるということが人間にとっての共通ミッションなのだと、確信メソッドをしているうちにわかりました。そして確信メソッドは、それに役立つものであるということもわかりました。

確信メソッドは「欲」を満たすための思考や行動、その欲を満たすことの必要性などについて腹でわかる、腑に落ちる、身をもってわかるものです。

確信メソッドをすると、自分にとって今、何が大事かがわかります。

そして何かアクションをする必要があるのであれば、直感でそのように思ったり、してしかるべき状況になったりします。自分の予想しなかった結果になることも、しばしばあります。

それは、やり方が間違っているとか確信できていないのではありません。真意識が最善だとわかっていることを、私たちは頭ではわかっていません。私たちの欲求に対する最善を私たちが思いついたり想像したりできないことも多くあり、私たちの欲求とそれに対する最善が違うとそう感じるのです。

確信メソッドは「誰でも何でも100%思い通りになるものではない」ことをお話ししましたが、それは私たちがこの次元で考えられる「狭い範囲での自己の欲求」を満たす、という意味での話です。

こういった自己の欲求に対して確信メソッドをすると、真意識ではそれについて自分と自分以外との調和がとれた最善がわかっているので、それを潜在意識で確信します。その最善が「狭い範囲での自己の欲求」と同じであれば、現実でそうなるので、そのまま現実化したと感じますが、真意識が最善だと確信したことが「狭い範囲での自己の欲求」と大きく違えば、想像したのと違うと感じます。

しかし、確信メソッドをしたあとは、現実が望んだ通りにならなくても、そうなることが最善だったんだと思えるようになり、自分にとって何が大事かがわかると、どうしてそれが最善かわかる状態になります。それが確信の状態なのです。

確信メソッドやこれからお伝えするさまざまなワークは、誰でも１００％何でも思い通りになるというものではありませんが、意識を活用することで、前向きになれたり自分の可能性を自覚して願いを叶えたりといった、日常で使える願望実現法としていただけたら幸いです。

Confidence Method Book

第4章

確信メソッドの現実化のしくみ

～引き寄せや他の方法との違い

確信メソッドは潜在意識が先

確信メソッドは決まった言葉を使うものではなく、今こんな状態だ、こうしたいと思っているなど思っていることや感じていることの最善を潜在意識が確信することで願望実現します。潜在意識というのは、無意識で「自覚できない意識」です。潜在意識を確信させるには、通常は経験だったり、長い年月を経て思い込んだりしていることなど、顕在意識（自覚できる意識）でそうだと思えるものがないとなかなかできません。一度実際に経験すると顕在意識で「わかる」ので、それが潜在意識へ伝わり、潜在意識でも「わかる」のです。

通常はこの順番、つまり「顕在意識から潜在意識」という順番なのですが、確信メソッドをすると、これが逆になります。**先に潜在意識を「わかる」状態にする**のです。「わかる」とどうなるかというと、安心します。そのことに対する良し悪しや好き嫌いという判断とは別に、**わかることで安心します。**わからないことは不安だったり、怖かったり、それについていろいろ想像して感情が出てきたりして、安心はしません。今まで自分にはきっと無理だと思っていたことを思い切って（もしくはしなければいけなくなって）やってみたら、そんなに大変ではなかったという経験はありませんか？　そしてそれを一度経験すると「ああ、あれはこんなことだ」とわかっているので不安ではなくなります。

確信メソッドでは、頭で考えている確信したいことを0（ゼロ）ポイント、つまりおへそを通過させ、潜在意識の入り口の腹へ落とすことで、数十秒で潜在意識で「わかった」状態にします。

どのようにそれができるのか、確信メソッドの現実化のしくみを他の方法との比較も含めて見ていきましょう。

ネガティブなことでも確信していい願望実現のしくみ

確信メソッドをする時、まず願望や問題解決したいことなどを「○○について確信する」と思うのですが、その時は頭で考えていて顕在意識を使っています。顕在意識とは、計画を立てたり考えたりという普段私たちが「自覚できる」意識です。

確信する、と思ったその意識を腹へ下ろすと思うと、途中でおへそ——0（ゼロ）ポイントを通り、そこで感情など不要なものが一旦解放され0になります。そしてその意識が、潜在意識の入り口の腹へ落ちると、潜在意識を通り超意識のその奥にある真意識まで一度行きます。

この**自分と他とが交わる部分を「真意識」と名付けたのですが、**ここでは、本当はどうしたいか、自分にとって**何が最善なのかがわかっています。頭で確信すると思ったことについて「最善なこと」を真意識と潜在意識で確信します。**ですから**言葉がネガティブでもポジティブでも、結局はそれが最善になる確信をするのであまり関係ありませ**

ん。今思っていることがネガティブな感情でもネガティブな言葉でもいいというのはそういうことです。

何か迷っている時や、心配している時も「迷っている、こういうことで心配している、これについて確信する」と確信して構いません、と言いましたが、確信メソッドをすると「頭で」確信したことに対して、真意識ではその不安をどうすべきか最善は何かもわかっていて、**「その最善なこと」を潜在意識で自動的に確信し、現実へ反映させるので「心配している」と確信してもいい**のです。

腹で確信したあと、その確信が自分と周りへ伝えられます（エネルギーでの伝達）。潜在意識で確信したものは0ポイントで顕在意識、現実と体とつながっています。これにより現実で、自分にとって今何が大切なのかわかった状態になり（他からのチャンスや助けを得たりしながら）気づきがあったり行動できたりします。

確信メソッドは、本当にシンプルで**全自動**です。言葉を考えたり、今の感情や状態を気にしたり、イメージしたりしなくても誰でもすぐできるという手軽さや簡単さをお伝えしたいので、ネガティブなことでも確信していいと強調していますが、もちろんポジティブな言葉やご自身の感覚や慣れている言葉を使っていただいて構いません。

「この不安がなくなる」とか「このことが解消する」とか「うまくいく」とか、自分がいい気分になれる言葉で確信していただくほうが気分的にはいいですよね。

もしそういう言葉が思いつかない時でも今思っていることを確信していいよ、ということなのです。

真意識は超意識の延長

「真意識」は「無意識」を超えた魂やハイヤーセルフと呼ばれる「超意識」とも違うのですが、その延長のようなものです。形がないエネルギーで、常にそれぞれの肉体とリンクして、肉体のある世界で関わる自分以外の人、物、事と瞬時に交わり（つながり）情報を伝えます。

真意識も個人とのつながりがありますが、魂、ハイヤーセルフよりも「他寄り」「宇宙寄り」で、超意識のエネルギーと他を含む宇宙のエネルギーが混ざっている〝個人というのが意識できる〟レベルのエネルギーです。あくまで例えですが、あなたと他をどの程度の比率で見るかを表すと、このようなイメージになります。

（宇宙）あなた：他＝5：5
（魂・ハイヤーセルフ）あなた：他＝9：1
（真意識）あなた：他＝7：3

真意識は太陽の周りにあるコロナのように、魂・ハイヤーセルフという超意識の周りにあり宇宙と融合しています。**真意識で確信する自分にとって最善なことというのは、関わっている人の真意識とその他と調和した上での最善**です。**私たちが理解できる言葉で説明すると「最善」なのですが「調和」とも言えます。**

真意識は、関わりのある人とその他へエネルギー伝達をしています。人にはそれぞれに自由意志がありますので他人をどうこうするということではありませんが、伝えることでその人はその情報を無意識では知っている状態になります。例えば、今日の夕飯がカレーだと知っていたらランチでカレーを食べないというように、知っていたら違う行動をする可能性があります。それと全く同じではないのですが、真意識は無意識に伝えるのでその人は気づいていませんが、その情報を無意識では知っている状態で行動します。

自分の思っていることがその人に伝わっているんじゃないかと思うようなことがあったり、そうしてほしいということが、その人は気づいていなくてもそのようにしてくれたり、偶然！　いや、どうして？　と思ったりすることが、今までにあなたにもあったかもしれません。偶然とかシンクロニシティとかテレパシーとかいろいろ考え方はありますが、私は真意識のエネルギー伝達が関係していると思うのです。確信メソッドをしていなくても、意識は関わりのある人とその他へエネルギーとして伝わりますが、確信メソッドをすると自分が確信したいことの最善が「わかった状態」にし、それを自分と他へ伝えます。

修練やエネルギー調整など不要

願望実現や問題解決、心身のケアなどにエネルギーをコントロールする方法がありま す。「気」「波動」などさまざまに呼ばれてきたエネルギーは、目には見えませんが私たちの体や周りにあり、宇宙はエネルギーで満ちています。こういったエネルギーをコントロールするには、気功のように修練が必要だったり、エネルギーと同調し使えるように調整（伝授）が必要だったりしますが、それらをせずにエネルギーコントロールができる方法もあります[※1]。

確信メソッドでは、頭で考えていることを確信すると真意識がその最善を潜在意識で確信し、それが関わりのある人や他へエネルギーとして伝えられます。意識もエネルギーなので潜在意識を確信させるのは、ある意味エネルギーコントロールとも言えますが、**確信メソッドはエネルギーを直接コントロールするものではなく、修練やエネルギー調整なども必要ありません。**

※1 『エネルギーコントロールの授業ー人生を思いのまま変えていくシンプルにして究極の方法』大原彩奨著（パブラボ）2018年

何かにお願いはしない

宇宙――大いなる何か（宇宙の根源、サムシンググレート、神様や先祖を含めた見えない存在）にお願いすると願いごとが叶う、助けてくれる……私たち人間にはスピリチュアルな部分（霊性）があり、目に見えない何かとのつながりを感じてきました。親や周りの影響もありますが、誰かに何かを言われなかったとしても、自然にその存在が自分を守ってくれるというようなつながりをいにしえから現在も変わらず感じているのです。ただ、つながりを感じる強さは個々に違うので、全くそんなことを感じたりもしないし、叶うはずはないのでお願いもしない、科学的根拠がないものは信じないし現実的ではないと思う方もいます。

私は小さいころから誰に言われたわけではありませんが、宇宙や大いなる存在にお願いすると叶うと思っていました。子どもの時に神様を信じていた、とか宗教的に何かを信じていたということではなく、**自分を守っている大きな存在がある**と漠然と思っていたのです。ですから大人になってから改めて「宇宙にお願いすると叶う」という願望実現法を実践した時に、馬鹿げたことだとか叶わないことだとは思いませんでした。ただ、そう思う人もいればそう思わない人もいるし、「お願い」に関する観念がそれぞれ違うということも見てきました。

現実で、私たちはお願いしたり頼んだりすることがあります。幼いころは親や保護者にお願いしたり頼んだりして、自分の欲しい物を得たり、どこかへ連れて行ってもらったり、したいことをしましたが、大人になっても自分でできないことや、さまざまなことを他人にお願いすることがあります。「お願い」に関してあなたはどんなことを連想しますか？

「お願いしても叶わないこともある」

「お願いしても叶わないことが多い」

「お願いすると叶うことが多い」

「お願いはしたって無駄。叶うことはない」

「お願いすると叶う」


これらは「お願い」に関する観念で、どれが良いとか悪いとかではありません。この中にないことでも何でもいいので**「お願い」ということを思うと何を連想するか、考えずに答えてみてください。**それはあなたが感じる「お願い」についての観念です。

観念というのは物事に対する自分の考えやイメージです。例えば親にお願いして叶った経験がほとんどない場合「お願いしても願いは叶わない」というイメージを持っていることがあります。逆に**「願いは叶う」ことを、今まで経験してきた方やそう思い込んでいる方は「願えば叶う」ことがわかっていて、**叶うことが当然という意識でいるので、そのように行動しますし叶う確率も高くなります。

「お願い」したことがどうなるかはお願いした相手に委ねますので、自分の意思と反する可能性はあります。それを「きっと叶う」と思う人もいれば「叶うはずがない」と思う人もいるのですが「叶うはずがない」と初めから思ってしまうことで「叶うはずがない」現実をつくる土台をつくってしまいます。そういう観念があると「宇宙にお願いすると叶う」という方法は現実での変化を感じられず、うまくいかないと感じるでしょう。

確信メソッドは何かにお願いはしません。願いについて自分の意識で最善を確信します。真意識という他を含む宇宙と自分が融合している意識で確信し、潜在意識でそれが確信されますが、他や宇宙にお願いをするわけではありません。**確信するとどうなるかというと、それについてわかった状態**になります。自分がわからないものは未知ですから、怖いとか不安だとか信じられないと感じたりしますが、わかった状態ではそれらがなくなり安心の状態になります。また、**誰に何を言われようとも自分に今大切なことはこれだというのがわかっている状態**になります。これが**自分を信頼している状態**なのです。

自分を信頼することが願望実現へ大きな影響を与えると最初に言いましたが、それはどうしてかというと、**願望は自分の欲求であり、それをどう捉えるかは自分**だからです。**自分を信頼する**とその欲求を含め、**今何が大切なのかがわかります。**そうするとその欲求の捉え方が変わることもあります。また自分を信頼しているので必要な行動ができ、不安や不満も解消し幸せだと感じることが多くなります。

幸せになりたいという欲求を満たしてくれるのは、あなたの望むことを全て叶えてくれる誰かや何かではなく、幸せだと感じるあなたなのです。

引き寄せの法則との違い

引き寄せの法則については奥平亜美衣さんの『復刻改訂版「引き寄せ」の教科書』(Clover出版２０１７年)など、わかりやすい本がありますので詳しい説明や方法などはそちらをご覧いただきたいのですが、ここでは望むことを現実にする場合、引き寄せの法則と確信メソッドではどう違うかについて使い方を中心に説明します。

自分の望むことを現実にする＝引き寄せるために、多くの方が「引き寄せの法則」に興味を持ち実践するようになりましたが、「引き寄せの法則」は、基本的には「同じ波動のもの同士が引き合う」というものです。波動というのは物や人間などそれぞれが発するエネルギーで、目には見えないものです。

自分が望むものを引き寄せたい場合、自分が望むものと同じ波動になればそれを引き寄せられるということになりますが、同じ波動にするにはどうしたらいいのかというと、ポイントは「波動を生み出すもの」です。引き寄せの法則で現実化の流れを見ると、**思考から感情や気分が生み出され、そしてその気分が波動をつくり、その波動が現実を引き寄せます。**

感情や気分から波動がつくられるということは、その波動を生み出すものを調節し、望むものと同じ波動にすればそれを現実に引き寄せられる、ということになります。ですから、**いい気分や感情を生み出す思考や捉え方をすることで、いい気分になる物・ことを現実で引き寄せます。**しかし**思考や感情から生み出される気分はいいものだけでは**ないので、不安を感じていたり、自分はダメだと思っていたり、**ネガティブな感情でいたりすれば、そういう現実を引き寄せる**という面もあります。

「今の自分の思考と同じ波動と同じものを引き寄せ続けるのです」（『復刻改訂版「引き寄せ」の教科書』　奥平亜美衣著　Clover出版　80頁参照）

これを利用して、望んでいることが現実になっていて、それが本当だと信じて疑わない状態で体感する（わかる）まで詳細をイメージし、それを現実に引き寄せるイメージング法というのがありますが、そうなっていると思えなかったり本当には信じられなかったり、イメージができなかったりします。また「まだ願いが叶っていない」「これが叶ったら幸せ！（＝今はそうじゃない）」と強く思えば思うほど「願いが叶っていない自分」「幸せじゃない自分」を強め、それを現実で引き寄せてしまいます。

このように良し悪し、望む望まないに関係なく、自分の思うことや言うことは波動に影響します。そのため、ネガティブなことを言っていたり思っていたりするとそういう現実を引き寄せるので、ネガティブなことを考えないように意識の転換をしたり、ネガティブな言葉を使わないようにしたり、いい気分でいられるような考え方や捉え方をしたりしている、という方もいるでしょう。最初は意識してやっていても、慣れてくるとそれが無意識でできるようにもなります。

確信メソッドは今思っていること、願いなどを腹（潜在意識の入り口）へ落としますが、その時イメージをしてもしなくてもいいですし、言葉もどんなものでも構いません。何だかネガティブなことや言葉で確信するのは嫌な感じがするという場合は、理想の状態やそうなっている状態、例えば「不安じゃなくなっていると確信する」「不安はもうないと確信する」などで確信していただいて結構です。

確信メソッドは波動で引き寄せるのではなく、先ほどの願望実現のしくみのところで説明しましたが、望むことの最善を潜在意識で確信（＝わかった状態）にします。引き寄せの法則を使って願望実現をする方法で「望んでいることが現実になっていて、それが本当だと信じて疑わない状態で体感する（わかる）まで詳細をイメージする方法」があると言いましたが、それをすると潜在意識がわかった状態になるのです。それを確信メソッドはイメージしたり、努力して何かをしたりせずにできるということです。思っていることが「不安だ」ということでも、それは頭で今そう思っていることで、**真意識では「不安な今の状態」について最善なことはわかっているので、「不安だ」と言っても「不安ではなくなる」と言ってもどちらでもいいのです。**

ネガティブなことを思う時や、気分が落ち込む時は誰にだってあります。そういう時でも、心で思う言葉を気にしたり無理にポジティブにしたりせずに確信メソッドを使える、ということなのです。確信メソッドは波動で引き寄せるのではないので、確信メソッドをする時に不安や心配だと思っていてもどんな言葉を思ってもそれは関係ないのです。なお、私も引き寄せの法則は有効だと思っていますし、いい気分でいれば良い現実を引き寄せることを実感しています。

引き寄せの法則や確信メソッドは、願望実現に使えますがそれだけではなく、毎日の生活をより楽しくよりいい気分で過ごせるようにし、幸せな時間を増やしていく、そういった人生を選ぶツールなのです。

アファメーションとの違い

「アファメーション」というと難しく聞こえますが、普段でも無意識に私たちがやっていることです。「大丈夫」とか「できる」など声に出しても出さなくても自分に言ったりしませんか？　アファメーションは肯定的な言葉を言い、それを潜在意識に伝え、そうだと思い込ませることで自分のイメージ（セルフイメージ）を高めたり、自信が持てたり、行動ができたりします。肯定的な言葉を意識的に、そして潜在意識（無意識）でも思うことで、それを現実にするという方法です。

アファメーションでは、「年収1000万円になりたい」のように「〜したい」という希望の言葉ではなく、「年収1000万円になった」のように今そうなっている、そうなったという**完了形の言葉を使います。「なりたい」というのは、今なっていないということですから、なっていない自分ではなく、なっている自分に現実もなるように、**「引き寄せ」でいうとそういう自分（波動）になるようにこのような言葉を使います。

アファメーションは、そうではないけれどそのふりをしていて、そういう状態にはなっていないので「そういう状態になるまで」、つまり「そうだと本当に違和感なく思えるまで」に時間がかかったり、本当はそう思えない、自分はやっぱりそうじゃないと、逆にそうなっていない自分を強めたりしてしまうこともあります。しかし、誰でもできる方法なのでやったことがある、やっているという方も多いでしょう。

確信メソッドは、宣言したことをダイレクトに潜在意識に信じ込ませるというものではないので、その点ではアファメーションと違います。思ったことに対して最善なことを真意識がわかっていて、それを潜在意識で確信します。最善なことは実際はどんなことかわかりませんが、自分にとっていいことを信じることで安心したり希望が持てたりもしますので、無理のない程度に（それは違う！　と心で思ったりすると無理をしている）ポジティブな言葉を使うのはいいでしょう。

アファメーションに慣れている方や、何だかポジティブな言葉にしたい、ポジティブな言葉にしないと嫌な感じがするという場合は**「〜が解決する（した）と確信する」**と使ってみてください。

確信メソッド自体は言葉で意識を変えたり、言葉や思うことの波動で引き寄せたりするのではないのであまり関係ありませんが、引き寄せの法則やアファメーションを使ってさらにプラスにしたいと思う場合や、ご自身の慣れている感覚がある場合は、ポジティブな言葉を使っていただければと思います。

〈実践〉確信メソッド

Confidence Method Book

第5章

実際に、確信メソッドをやってみましょう。

確信メソッドをする前に準備すること（リラックスしたり、深呼吸したり、静かな場所で一人になる）は、特にありません。いつでもどこでも歩きながらでも、すぐに確信メソッドはできます。手順に従ってやってみてください。

確信メソッドの手順

①目は開けていても閉じていても構いません。どんなことについて確信するかを思い浮かべます。

仕事で成績を上げたい、収入を増やしたい、自信を持ちたい、子どものことが気がかり、結婚したい、パートナーを見つけたいなど思いつくことなら何でも結構です。問題や迷っていることがある場合は、こういうことで困っている、迷っている、と今の状態をそのまま思っても構いませんし、その問題が解決・解消する（した）、と望むことを思っていただいても結構です。

②「これについて確信する」と心の中で一度思います。そして「頭頂（頭のてっぺん）から意識を腹まで下ろします。（おへそで）０（ゼロ）を通過する」と心で思います。またはイメージします。

イメージする時はまっすぐ意識をお腹のほう、下へと下ろしていきます。おへそを通ったら「０（ゼロ）を通過」と思ってください。おへそからだいたい握りこぶし１個分くらい下のところに丹田という部分があります。人によって違うのですが、腹まで下ろすとイメージすると、そのあたりまで来ます。

③その腹を「愛」で満たす、と思ってください。

特にイメージしたり感じたりする必要はありませんが、人によっては、温かいとか優しいとか安堵感を感じるかもしれません。愛のイメージでハートやピンク色をイメージしても構いません。

④これはさらに願望実現度を高めると思えるオプションです。もしできたらやってみてください。

「愛に満たされた腹が光輝く、光を放つ」と思います。またはイメージします。色にはさまざまな効能（例えばオレンジ色は前向きな気持ちを増幅する、茶色は安心感、ピンクは幸福感など）があるので、私はそれらを全て含む虹色の光を「虹色に輝く」とか「虹色の光を放つ」と思ったりイメージしたりしますが、白や黄金のような「光」でも構いません。

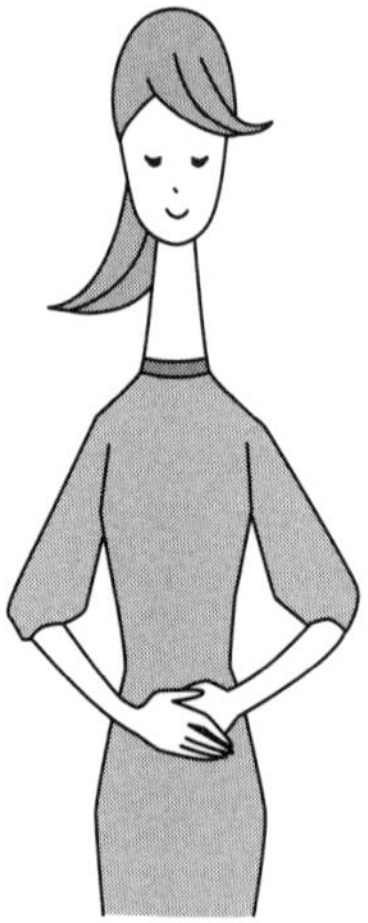

いつ終了？

自分で終了、と思ったら終了です。私はお腹を愛で満たして終わりにする時もあれば、そのあとお腹から光を放射して終わり、という時もあります。終わる時に何かイメージが浮かぶこともありますが、イメージはあってもなくても特に効果や作用に影響するものではありません。

それでは何か1つ、確信メソッドをやってみましょう。練習なので何でもいいのですが、例えば「明日の朝、すっきり起きられる」とか、それがどうであってもそんなに気にしないようなことで練習してみましょう。

他者への確信メソッド

ここでは他者へ確信メソッドをする方法をご紹介します。

基本的に確信メソッドは、自分自身でやるものです。自分の真意識へ今の状態、自分の意図を伝え、それについて真意識が最善のことを潜在意識で確信しますので、本人の体と意識が必要です。これは確信メソッドを知らない方もあなたが一緒に行うことで確信メソッドをしていただけるというもので、勝手に他者にするというものではありません。ちなみにその場にいなくても離れていてもできます。あなたが誘導していきながらその方が行うので、どこにいても構いません。

手順は自分にする場合と同じですが、次のような手順ですするとスムーズにできると思います。

①目は開けていていても閉じていていても構いませんが、相手の方には目を閉じていただくほう

があなたがやりやすいかもしれません。

そして、どんなことについて確信したいかを思い浮かべてもらいます。叶えたいことや解決したいこと、気になること、どんなことでも構いません。思い浮かべたら教えてもらいます。

②「『今思っていることについて確信する』と心の中で一度思ってください。そして『頭頂から意識をおへそを通ってお腹まで下ろす』と心で思ってください。お腹はおへそから握りこぶし一個分くらい下のところです。今思っていることを頭からお腹へスッと下ろしていき、途中でおへそを通ります。『おへそで0（ゼロ）を通過』と思ってください」とその方に言います。

③「『お腹を愛で満たす』と思ってください。無条件の愛で今お腹が満たされています」とその方に言ってください。

確信メソッドが終わってから、その方には「今頭で思い浮かべたことについて、最善なことが潜在意識で確信されて現実に伝わってきます。それに関して、意識の変化だったり、何か気づきがあったり、行動が必要になったり、自分や周りで起こることの変化を感じたりするかもしれません」ということをお伝えして終わります。

スピリチュアルな部分を使う

確信メソッドでは、私たちのスピリチュアルな部分を使います。**私たち人間にはスピリチュアルな部分（霊性）があり、目に見えない何かとのつながりを感じてきた**と前章で言いましたが、自分は感じたことがないし、そう思わないという方もいると思います。霊性を感じる度合いが個々で違うこともそうですが、Aさんの思う「スピリチュアル」とBさんの思う「スピリチュアル」は同じとは限りません。

スピリチュアルという言葉は広い意味で使われているので、かなり違う捉え方をしていることもあります。

「スピリチュアル」とは？

スピリチュアルという言葉を調べると、「精神的。霊的。宗教的」と、「アメリカの宗教的な民衆歌曲。白人霊歌・黒人霊歌・ゴスペル・ソングなど」という定義があります（広辞苑 第六版）。

この本も書店では「スピリチュアル」という棚に置かれることが考えられますが、「スピリチュアル」という言葉は広い意味で使われていて、霊に関することや不可思議なこと、現実的に説明できないことなど、個々に感じる印象や思い浮かべることは違うでしょう。「スピリチュアリズム」という霊との交信をする降霊術や心霊理論も、幽霊や心霊現象や怪奇現象も、超常現象も精神性も霊性も、占いやヒーリングなども全て「オカルト・スピリチュアル」とまとめられていることも多く、また英語の spiritual には信心深いとか宗教的な意味も強くあるので宗教をイメージされることもあります。

結論として「スピリチュアル」は、いろいろな意味で使われていて、そのうちのどれが正しいとは言えません。ちなみに私は「スピリチュアル」というのは「霊性（スピリチュアリティ）を持った、霊性に関わる」と捉えます。

スピリチュアリティ：霊性というのは「宗教的な意識・精神性。物質を超える精神的・霊的次元に関わろうとする性向」と定義されていますが（広辞苑 第六版）、特定の神や何かを信じる宗教的な意識ではなく、**物質を超える精神的・霊的次元に関わること**だと私は捉えています。

人間は目に見える「肉体」を持っていますが、「目に見えないもの」も持っています。私たちは目に見えるものは「ある」と認識できますが、目に見えないものは認識できないので「ない」と思ってしまいます。科学で目に見えないものも解明、証明しようとし、認識できたものは「ある」になりますが、それ以外は「ない」とされます。

霊性は見えないものですが、頭や手など肉体を持っているように人間はみな持っています。具体的には、肉体ではない自分の部分（意識・エネルギー）や直感、気づき、宇宙とつながっていることなどです。目に見えないので「ない」と思ってしまいますから、「ない」ものを使おうなんて思うこともなかったでしょうし、「ある」と言われてもわからず、実感もないでしょう。実感したりわかったりするためには、まずそれがあると仮定して（信じなくてもいいので）使ってみることです。一度ではわからないかもしれません。しかし何度か使っているうちに、実感することができるでしょう。

目に見えない何か（宇宙）とのつながりは、私たちが無条件に愛される存在であり、存在自体が素晴らしいということをわからせてくれるものです。

それがわかっていることが、自分を信頼する基礎となります。

自分を愛するとか自分は尊い存在だと感じるとか、今まで読んだり見たり聞いたりしているけれど、自分を愛していると思えなかったり、自分をいいと思えなかったり、どうなのか自分でもよくわからなかったりする場合は、特に次の真意識瞑想をゆっくり感じながらご自分のペースでやってみてください。

真意識瞑想

自分を認める、受けとめる——自尊心を高め自分軸をしっかり持つために

自分は無条件に愛される存在であり存在自体が尊いということを感じながら、頭で考えてもなかなかできない「どんな自分もいい」と自然に思うための瞑想です。確信メソッドの要領で真意識まで到達しますが、そのあと感じることをしていきます。考えずに感じます。ご自分のペースで読みながら進んでください。

真意識では全てがわかっています。そこにつながり「無条件の愛や自分の尊さ」を感じていきます。リラックスして、考えずに感じることをただしてください。

座っていても、横になっていても、立っていても構いません。目は軽く閉じていただくと、より集巾できます。半開きでも結構ですし、目を開けていても構いません。

リラックスするために深呼吸を2回ほどするといいでしょう。
よろしいですか？　では、始めましょう。

「真意識につながる。これを確信する」と心で言い、意識を頭から　おへそを通り、腹まで下ろす、と思ってください。

イメージはしてもしなくても構いませんが、イメージしやすい方は頭からスッとエレベーターで腹まで下りてくるイメージをしてください。

そしておへそで「0（ゼロ）を通過」と思ってください。イメージしていたらおへそを通った時に「0を通過」と思ってください。
0を通過すると潜在意識へ入っていきます。
そして潜在意識から真意識へつながっていきます。

では、腹（丹田）に両手を当ててください。丹田はおへそよりも握りこぶし一個分くらい下のところです。

当てている手や、体全体、頭の先からつま先まで、どこでもいいので何か体感や感じることがあったらそれを十分感じます。例えば、温かい感じや優しい感じ、安心感などでもいいですし、胸が圧迫される感じ、頭がキーンとするなどの体感でも結構です。

何も感じなくても大丈夫です。

繰り返すと感じるようになっていきますが、個人差はあります。

何も感じない場合はただただ、手を当てているところの温かさを感じてください。誰でも感じられるのですが、その感覚がわからないだけです。何となくでもいいので、何か感じるか感覚を研ぎ澄ませてみましょう。

手のひら、みぞおち、胸、喉、頭頂など。

感じよう！　と頑張らず、力を入れずリラックスしてください。

今、真意識とつながっています。

真意識は自分と宇宙の意識の交わっている部分です。魂やハイヤーセルフ、超意識の次にある、自分だけれど宇宙の部分。

そう、まさに、宇宙の一部なのです。私たちは肉体を持った人間として存在していますが、もともとは宇宙の一部なのです。

その宇宙の一部である私たちは、宇宙にとっては存在自体が尊いのです。

何かしたからとか、何かができるからとか、背が高いからとか、話し上手だからとか、愛嬌があるからといったことは関係なく、無条件に愛される存在なのです。

そして、宇宙と同じ無限の可能性があるのです。

今のあなたの目の前にある小さな枠だけで見ると感じられないことが、その枠の外を見ると感じられるでしょう。家族、友達、知り合い、コミュニティ、地域、国、地球、この次元。そういった枠での評価や批判や思い込みは、全てではないのです。

感じてみましょう。

あなたがあなたであることに、どんな時も無条件の愛を注ぐ、もっともっと大きな中にいることを。温かい光の中にいると思ってください。

その温かさを感じながら、目を閉じていたら目を開けてください。

あなたはこの現実でもいつもその温かい中にいるのです。それを思い出してください。

確信メソッドの使い方

願望実現

Confidence Method Book

第 6 章

願望実現というと、夢や願いを叶えたり目標を達成したりすることを思い浮かべますが、問題を解決することも不安な気持ちを解消することも、平安な状態になりたいということも願望実現といえばそうなので、総合的に確信メソッドは「願望実現法」としています。「こうだったらいいな」「〇〇がしたい！」などの他、迷っていること、悩んでいること、わからないことなど、どんなことにでも確信メソッドを使うことができます。

例

- 何がやりたいのかわからない（やりたいことを見つけたい）
- 自信がない（自信を持てるようになりたい）
- お金が貯まらない（貯められるようになりたい）
- 何かに迷っている（決断しなければいけないができずにいる）
- 悩んでいる（解決したいがどうしたらいいかわからない）
- 人間関係を良くしたい（職場、家族、知り合い、恋愛、結婚）
- あることやある人が気になっている

どんな時にどんなふうに確信メソッドをしたらいいのかを、この第6章では願望の実現、そして次の第7章ではどちらかというとネガティブな問題を解決したいことに分けてまとめました。「こんな時はどう使うのかな？」と思った時に、見てすぐ使えるように具体例をあげています。

願望実現
（望むことを現実化したい）

連絡が欲しいと思っていた人から連絡が来るなど、**願いがそのまま現実化する場合もありますが、自分の予想しなかった結果になることもしばしばあります。**それは、やり方が間違っているとか確信できてないとかではなく、私たちが欲することと、真意識でそれについて最善だとわかっていることが違うからそう感じるのだと第3章でお話ししました。

私たちが**この次元で考えられることという「狭い範囲での自己の欲求」**に確信メソッドをすると、真意識ではそれについて自分と自分以外とが調和のとれた最善がわかっているので、それを潜在意識で確信し、その最善が「狭い範囲での自己の欲求」と同じであれば、現実でそうなるのでそのまま現実化したと感じます。一方、**真意識が最善だと確信したことが「狭い範囲での自己の欲求」と大きく違えば、現実でそうなった時に想像したのと違うと感じます。**

「最善」というのは最善の時期、最善の状態（準備ができている状態）などがあり、それについては第11章（２０９頁）で詳しくお伝えします。

では、具体的に願望実現に使う場合の例を見ていきましょう。

基本的な確信メソッドの方法はどれも同じですが、例を見て、こんな時にも使えるんだ！　とか、こういう時にも使ってみよう！　というヒントにしてみてください。

欲しいものを手に入れたい――恋愛・結婚・友達・お金・物・時間・チャンス

まず、**どういうことを叶えたいのか心で思いますが**、その時にどんな言葉を使うのかは、今の状態でも願望が実現した状態でもどちらでも結構です。大事なことは、**今あなたがそれを欲しいと思っているということです。**

今の状態をそのまま「**○○が欲しい、これについて確信する**」というのが一番簡単で、どんなことにも当てはめられるので使いやすいでしょう。物だけでなく、例えば結婚相手やパートナー、仕事を手伝ってくれる人、仲間、友達といった人、自分の時間、自信、嬉しい知らせやチャンスといったことにも、同様に使えます。

例えば、わかり合えるパートナーが欲しいと思っている場合、「**わかり合えるパートナーが欲しい、これについて確信する**」と心で思って確信メソッドをします（このあと、頭頂の意識を腹まで下ろし、おへそを通ったら「０（ゼロ）を通過」と思い、腹を愛で満たします。詳しい確信メソッドの手順は第5章（72頁）をご参照ください）。

その他の場合でも○○の部分に欲しい物・ことを入れて同様にできます。また、**「自信がある自分を確信する」**や**「○○の資格を取得する、これを確信する」**など、言葉を変えていただいても構いません。

先に説明したように、確信メソッドをすると、これが欲しい！　と確信したものが必ず手に入るということではありませんが、**それに関して大事なことがわかります。**

「お金が欲しいとか宝くじが当たるといったことに確信メソッドをしてもいいのでしょうか？」と質問をいただくことがありますのでここにも書いておきますが、もちろん確信していただいて結構です。手に入ることもありますし、自分にとって今何が大事かがわかります。もしすぐに手に入らなくても、あとにつながる何かがあります。手に入らなくてもいいものは手に入らないことも多いのですが、それはその時わからなくてもあとで「あれは手に入らなくて良かったんだ」とわかります。

ちなみに確信メソッドをすると真意識で「最善」を確信しますが、その「最善」は私たちがそれぞれ持つ価値観での「最善」ではなく真意識による「最善」なので、現実化したことやものが「最善」だと思えないこともあります。

実際、確信メソッドを使っていただいたご感想で「お金が欲しいと確信したら、大事なのはお金じゃない、ということがわかりました」というものもあれば、「100万円の臨時収入があることを確信しますと確信したら、本当に100万円が来ました!!」というものもあります。お金についてはさまざまな願望があると思います。これについては次の章の《お金》（116頁）でその対策を説明します。

何かをしたい（現実にしたい）、理想の状態でしたい

何かをしたい（現実にしたい）

まず、**どういうことを叶えたいのか心で思いますが**、どんな言葉を使うのかは、今の状態でも願望が実現した状態でもどちらでも結構です。大事なことは、**今あなたがそれをしたいと思っているということ**です。今の状態をそのまま「**○○したい、これについて確信する**」と言うのが一番簡単で、どんなことにも当てはめられるので使いやすいでしょう。

ご自分の好きなことや、得意なことを仕事にしたいと思っている時、したいことを○○にあてはめて、例えばアロマセラピーで仕事をしたいと思っている場合、「**アロマセラピーを仕事にしたい、これについて確信する**」と心で思って確信メソッドをします。

その他、ハワイに旅行に行きたかったら**「ハワイに旅行に行く、これを確信する」**と言ってもいいですし、もしハワイに行きたいけれどお金がないから行けないという場合は**「ハワイ旅行のためのお金が確保できてハワイに行ける、これについて確信する」**というふうに思ってもいいでしょう。

理想の状態でしたい

何かをしないといけない場面で最高の状態でそれができることを望みますが、確信メソッドをする時は、**理想の状態を思って、それがしたい（できる）と確信**してみてください（言葉はあまり関係ないので「したい」でも「できる」でもどちらでも構いません）。

例えば誰かと話し合いをする時、仕事の商談などもそうですが**「話し合いがうまくいく」**とか**「お互いにとって最高の状態で話がまとまる」**と確信します。

また、話す時にすぐに緊張してしまうという場合に**「緊張せずに話せると確信する」**と確信メソッドをしてみてください。

迷っている、どうしたらよいかわからない

何かを選択しなければいけない時、迷っている時でも確信メソッドは使えます。私たちは日々選択をして生きていますが、その選択は気にかけないくらい小さなものから人生を決めると思われる大きなものまでさまざまです。朝食に何を食べるかということも、気にしてはいませんが選択しています。悩むのはそういうことではないのですが、**基本的に選択は**気にかけてもかけなくても、誰かに何かを言われたり何かの影響を受けたりしたとしても、**最後は自分でするもの**です。選択するものは全て最善になると私はいつも言っているのですが、選択自体に良し悪しはなく、自分がどう捉えるかによって変わります。

第7章に**《選択を間違えるのではないかと思って行動できない時、選択を後悔した時》**（145頁）というものがありますのでそれも見てみてください。

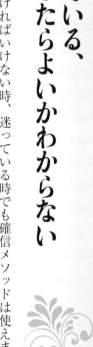

さて、**何かに迷っている時も、どうしたらいいかわからない時も、それをそのまま確信して構いません。**例えば**「この契約をするか迷っている、これについて確信する」**とか、**「明日返事をしないといけないのに、どうしたらいいかわからない、これを確信する」**のように、そのまま心でそう思って確信メソッドをします。

迷っている時は、確信メソッドをすることで、選択のキッカケになる気づきや何かがあったり、こうしようと決心できたりします。どうしたらいいかわからない時も同様に、ふと何か思ったり、どうしたらいいか気づいたりします。

何かをしたいけれど何をしたいのかわからない

好きなことを仕事にできたらどんなに楽しいだろう？　今の仕事が嫌いだとか、ただこなしているだけだというふうに、仕事に物足りなさや不満を持っている方もいれば、特に嫌ではないし不満もないけれど、もっと自分が楽しくできて、自分を生かせる仕事がしたい！　と思う方もいるかと思います。でも具体的に何をしたいのか、何をしたらいいのかわからない。そういうお悩みを伺うことも多いのです。

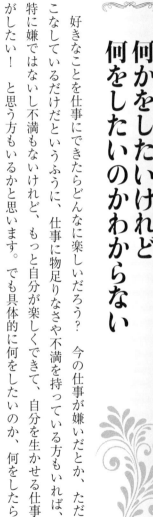

私自身、ニューヨークにいたころ、何かしたいけれどその「何か」がわからずにモヤモヤしていました。そして、このまま何もできずに人生が終わってしまうのではないかと焦っていました。

当時私はアメリカで永住権を申請していて、その許可が下りるのを待ちながらシステムエンジニアとしての業務と、会社の事情で会計やその他の業務を全て任されていました。そんな中、心身の不調を患ったことで代替医療に興味を持ち、さまざまな代替医療を学べる学校（カウンセラー養成学校）に通い始めました。

学校卒業後はカウンセリングの他、ヒーリングも含め心身の健康のためのサービスをニューヨークでしたいと思いましたが、具体的には何をしたらいいかわからず、何もできないうちに勤めていた会社が倒産となり、永住権とアメリカにいることを諦めざるを得なくなり日本に帰国しました。帰国後ヒーリングやカウンセリング、英語の翻訳など、自分のできることをしていましたが、何か他のものを探していました。

私は長い間「コレだ！」と思える何か1つを見つけようとして、見つからない‼ とモヤモヤしていたのです。今になってわかることは、やりがいや喜びを感じながらする仕事、いわゆる**「ライフワーク」というものは「コレだ‼」と最初からわからないことも多い**ということです。ピンと来てやってみたことがライフワークになったりもしますが、すぐにはわからず、やっているうちにわかることもあります。

ライフワークが見つからない！見つけないといけない！　と思う必要はない

私が今しているスピリチュアルのセミナーや講師のお仕事は、やりたいことだと言えばそうですしライフワークだと思えますが、ある時突然「コレだ!!」とわかってこの仕事を始めたのではありません。

ヒーリングに関わっている中で、自然にそうなっていきました。「何が自分にとって一番重要なのか」がわかると、それをしたいと思うようになり、そのチャンスも生まれます。ですから「何が自分にとって一番重要なのか」がわかることも大事なのです。ちなみに私にとって今一番重要なのは、自由な時間を持つことで、収入ももちろん大事ですが、時間を拘束されるけれど毎月決まった収入を得られるものよりも、収入は決まっていないけれど自由な時間を持ちながら働けるものがいい、と感じるのでそれを選んでいるのです。

今の仕事にやりがいや喜びを今までで一番感じていますが、これもずっと続くというものではなく、変わる可能性もあります。

だから**「コレだ!!」と見つけようとしなくていい**のです。自然にしていることや、そんなに好きだと思わないことを経由して、次につながることもありますし、それ自体がやりがいや喜びを今までで一番感じるものへと変わることもあります。**好きだったらライフワークだということではありません**し、ライフワークでも辛いこと、大変なこともあります。ライフワークというのは、自分にとって一番多くの喜びを与えるもので、「仕事」だけだと思うと限定されますが、**あらゆるものがライフワークになります。**主婦はお金を収入としてもらいませんが、もちろんライフワークになります。料理をつくることや、家や家族のことを考え、さまざまなことに対応するのも「一番多くの喜びを与えるもの」になります。

ライフワークが見つからない！　見つけないといけない！　と思う必要はありません。あなたが今していることで、喜びを感じることが多くなってきたらそれもライフワークになりますし、またライフワークは1つとは決まっていないので、ライフワークだと思ってやっていたことの他に、新しいライフワークをすることになる、ということもあります。また、今していることが変化することもあります。私の経験とライフワークに関してお話ししたのは、コレ！　と限定せず、既にしていること、知っていることも変化したり、キッカケになったりして「何か」になるということをお伝えしたかったからです。

さて「何かしたいのに、何をしたいのかがわからない」時に確信メソッドをする場合の例としては、そのまま**「何かしたいのに、何をしたいのかがわからない、これについて確信する」**と思うのがシンプルで使いやすいと思います。また「何が自分にとって一番重要なのか」がわかることも大事だと言いました。

これについても確信メソッドをするといいでしょう。

例としては**「何が自分にとって一番重要なのかがわかる、と確信する」**と心で思って確信メソッドをしてみてください。

ビジネスでの活用――経営、売上、顧客（集客）

確信メソッドは、実際ビジネスでも使っていただいていますが、個人でも会社（経営者、役員、社員など）でも、その他どなたでも簡単に使えますし、ビジネスは信用が大事ですから、信用や顧客の満足度を上げるためや会社の運営がうまくいくように、そして収入が上がるようになど、私自身もビジネスでも多く使っています。

この本が出版されることで、スピリチュアルなんて！　と今までは思っていた方も、詳しく見たことがない方も、今までのやり方で満足されている方もそうでない方も、「違う方法がある」ということに目を向けていただきたいのです。もちろん好き嫌いはありますから無理には勧めませんが、やってみないとどんなものかはわかりません。ちょっと試しただけではわからないこともありますが、まずは試してみていただきたいのです。

確信メソッドをすると、今の状況や思っていることに対する最善なことを潜在意識で確信し、自分を信頼している状態にするのでモチベーションが上がり、自然に売り上げも上がったり、苦手だったことがスムーズにできて効率が上がったり、集客ができたり、大きなビジネスチャンスを得たり、さまざまなことが同時に起きたりします。もしも今、会社が倒産しそうな状況にあるとして、目に見えないものや、科学的に説明できないもの、現実的じゃないと思われているものであっても、今の状況を変え、大きな利益を生み出す会社にできるとしたら？　使うか使わないかはあなた次第です。

どうやって使うかは、今までの例を見ていただくとわかりますが、今の状態をそのまま**「〇〇だ、これについて確信する」**と使うのが一番簡単です。なかなか良い案が見つからない時に最善な方法がわかると確信したり、顧客や取引先との契約や話し合いの前に理想の状態を確信したりするのもいいでしょう。経営や実績の不安を感じたら**「不安の原因がわかると確信する」「不安を解消する行動ができると確信する」「良いこと、できていることに気づくと確信する」**なども使ってみてください。

物でも形のない情報などでも、今だから求められるけれど、時期を過ぎると需要がなくなるというものも多いものです。「流行り」を例に出すとわかりやすいですが、流行っているものは売ろうとしなくても高く売れ、流行りを過ぎると努力して売ろうとしても売れなくなります。「流行り」ではなくても、今求められているものを提供することがビジネスでは大事な要素です。

自分が売りたくても今求められていなければ、求められているものに対応するように変えるか、売りたいものを諦める、もし自分がどうしても売りたいとしたらそれほど執着する意味を考え、どうするかを決める。これは一度すればそれでいいというわけではなく、ニーズは変わるものですからその度に必要となります。どうしたらいいか考える時に**「今求められていることに対しどうすればいいかわかると確信する」「今求められていることに対しどうしたいかわかると確信する」**などと使ってみてください。

確信メソッドをしたらどうなるか？　ですが、どうなるかはわかりません。その状況でのそれぞれの最善にはなりますが、人それぞれ違うのでこうなるということは言えません。

もし集客したくて確信メソッドをした場合、来てほしい人数より多く来るかもしれませんし予想より少ないかもしれません。どのくらいのスピードでお客さんが来てくれるのかもわかりません。確信メソッドで集客をしてみたというSさんの場合を見てみましょう。

「あるイベントを企画し、イベントページを立ち上げて募集をしたのですが、いつもよりスローな反応でした。普段なら申し込みはなくても問い合せなど何かしらの反応があるのでちょっと心配な感じで。その時、アリー先生の確信メソッドを思い出し、ブログに書かれていた通りに行いました。次の日、知り合いの方数名の他、全くの新規の方から立て続けに申し込みが来て満席になってしまったのです！　これにはびっくりしました。感覚としては何らかのフタ（障害）が確信メソッドでパカッと外れて、来たかった人が一気に来てくれた感じがします」

別の例でNさんは講座の集客に使っていただいたのですが、さらに確信メソッドを参加者の方と一緒にやってみたら驚くことが起きたそうです。

「長年の夢であった講座を開催しました。4～5人でやりたいと、何度か確信メソッド

をやっておりました（集客に大苦戦でした）。１名当日にキャンセルになってしまったのですが、何とちょうど４名で開催できました。そして、講座の冒頭でアリーさんの確信メソッドを伝えたのです。練習してみましょうかってことで「１００万円の臨時収入があることを確信します」とやったんです。とっさにそんなことしか出てこなくて。そしたら３日後くらいでしたでしょうか、参加者の１名より「本当に１００万円が来ました!!」と報告をいただきました。確信メソッド、すごすぎる！　と盛り上がらせていただきました」

《欲しいものを手に入れたい》のところでも言いましたが、「１００万円の臨時収入があることを確信します」と確信メソッドをすると、必ず１００万円が手に入るかというとそうではありません。この参加者の方の最善では１００万円が来たのですが、それぞれの最善ですから、もしあなたが同じようにやってもあなたの最善なのでどうなるかはわかりません。もしかすると１００万円ではなく１０００万円かもしれません。そんなこともあり得ます。潜在意識、真意識は私たちが想像できる範囲外のこともわかっていますから、あなたが１００万円を想像して確信したとしても想定外のことも起こる可能性があるということなのです。

相手（の気持ちや行動）を変えたい、こうなってほしい

プライベートでもビジネスでもどんな時でも、誰かの気持ちや行動がこうなってほしい、と思うことがあるでしょう。実際に相手の気持ちを変えたい、誰かにこうなってほしい、と確信メソッドを使ってもいいのか？　というご質問をいただくことは少なからずありました。基本的に確信メソッドは自分に使うものですし、自分以外の人をどうこうしようとしても、本人の気持ちや行動は本人によります。真意識で最善を確信する時には自分と自分以外の調和をとろうとするのですが、みなそれぞれ自由意志を持っているので、自分と他の調和をとろうとします。

もし誰かにあなたの気持ちや意識を勝手に変えられてしまったら、どうでしょう。そんなことはされたくないですよね？

人間の持つ自由意志は奪われないようになっているのです。でも、自分を好きになってほしい、自分を大事にしてほしい、相手にこうしてほしい……そう思うことはあるで

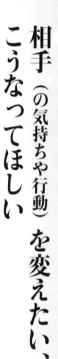

しょう。そんな時に確信メソッドを使ってもいいのか？ ということですが、確信メソッドでこういうことに使ってはいけません、というものはありません。また、こうなりますと決まった答えもありません。ただ言えることは、確信メソッドをすると自分にとって今何が大切なのかがわかります。確信されたことは自分と他へ伝達されますが、無理に誰かをどうこうしたりはしません。

例えば、Ａさんに自分を好きになってほしいと思っていたら、**「Ａさんに自分を好きになってほしいと思っている、これについて確信する」**と自分が思っていることをそのまま確信メソッドをしてみてください。どんな場合でも、どう確信したらいいか迷ったら、このように**「自分が思っていることをそのまま」確信メソッドをします。**

相手の気持ちは「変えよう」として変わるものではなく、相手の意識がそうなればそうなりますし、そうならなければそうなりません。確信メソッドをすると自分に今何が大切かがわかり、それで行動できたりしますし、相手の意識や周りにも伝わりますので、何もしないのとは違いが出てきます。実際に使っていただいた、医療福祉関係者Ｋさんの例を見てみましょう。

「利用者Aさんが急に機嫌が悪くなり一切口をきいてくれなくなった時に、『Aさんと話せる』と確信メソッドをしました。そうしたら、すぐあとにAさんから『Bさんにばかり優しくして、と思って自分の話も聞いてほしかった』と言われて驚きました」

人間関係の問題については、次の問題解決のところも見てみてください。

第7章

確信メソッドの使い方

問題解決

Confidence Method Book

確信メソッドをどんなことにどんな時に使っているかを実際使っていただいている方々に聞いてみたところ、「ネガティブに考えてしまう時や不安な時に使う」頻度が高いという結果になりました。その理由は確信メソッドをすると楽になったり、ネガティブに考えることが少なくなったりするからということでした。

この章では不安や心配、人間関係などの問題解決、執着を手放すことやお金について、どう確信メソッドを使うかをあなたがご自身の状況に当てはめてすぐに使えるように具体的な例をあげていきます。後半では、こんなことも？　と思うような確信メソッドの意外な使い方も紹介します。

不安やネガティブにならないための確信メソッドの応用として、マインドフルネスと合わせた方法も第9章（185頁）で紹介していますのでそちらもチェックしてみてください。

執着を手放す

When one door shuts, another opens.（1つのドアが閉まると別のドアが開く）

ニューヨークでルームメイトがよく言っていた言葉です。

たとえチャンスを逃したりうまくいかなかったりしても、また新たなチャンスが訪れる。逃したチャンスに執着していると新しいチャンスに気づかない。嫌なことがあってもそれにこだわらずにいると新たな良いことがやってくる。

これでなきゃいけない！　この人じゃないとダメ！　ここじゃないといけない！　など執着すると、表面ばかりを求めて本質を忘れてしまいます。**執着を手放したい時は「この執着を手放すと確信する」と確信メソッドをします。本当はどうしてそれを望むのか？　が大事なのです。**結婚や恋愛、お金、仕事、やりたいこと、どんなことも同じです。どうしてそれを望むのか？　本当にそれを望むのか？　**よくわからない場合は**

「どうしてそれを望むのか、本当に望むものがわかると確信する」と確信メソッドをするとそれがわかり、次のステップに進めます。

私はアメリカにいた時に、結婚に執着したことがありました。その時はイベントに行ってみたり、バーに行ってみたり、オンラインの紹介サイトにも登録してみたり、とにかくどうにか結婚したいと必死でした。「私、女の人に興味ないから～」とゲイの方にその場でフラれたり、オンラインで話した相手に実際に会ってみると写真は別人だったり、付き合ったと思ったら次の日に唐突にフラれたり（あとになって精神的な病気だったとわかりました）、心理的暴力のＤＶ（ドメスティック・バイオレンス）を受けていたと気づいたり、その他にも出会いはありましたが「いい出会い」がなく、こんなにたくさん人はいるのに、どうしていい出会いがないの？

こんなに行動しているのに！　と思っていました。

もちろん行動はしていたのですが、結婚したい理由が「ニューヨークにいたいから」だったので、**エネルギーが別の形で放たれていた**のです。とにかく結婚したい！　という**執着エネルギー**です。結局何を望んでいたのかというと、ニューヨークで生活したいということでした。ビザを持っているか永住権を持っていないと、ニューヨークで合法的に生活できません。私は勤めていた会社を通して永住権を申請していましたが、その会社が倒産してしまい、永住権が認められるためにさまざまなことを試みてきました。しかし全てダメで、ニューヨークで生活するためにはもう結婚しかないと思い「結婚したい」になったのです。

「いい出会い」がないと思う時は最善の時期ではないこともありますが、「いい出会い」と自分が認めるものにこだわっている可能性もあります。そして、こんなに待ったんだからこの人！　という人に出会うはず、とさらにこだわりは強くなったりします。そうすると受け入れる枠が小さくなり、気づかないことも多いのです。初めて出会う人だけでなく既に会っていた人でも、自分の理想とは離れていても、個性の面白いところを探ってみると意外な発見をしてそこから興味が湧いてくることもあります。

「運命の人と出会うはず！」ともし思っていたとしたら、**「運命の人」は一人ではない**ということを覚えておいてください。深いところでつながっている人というのは数十人ほどいて、その中でもかなり深いつながりがあるという人でも数人いますが、そういう人と結婚するかといえばそうではない場合もあるので、**運命の人にこだわらなくていい**のです。

結婚なんてもういいや、アメリカももういいや、と全て手放して日本に帰った私は、その1か月後に結婚する人と出会いました。執着を手放すについては第11章**【願望実現の重要なポイント】の《執着を手放す（手放し宣言）》**（213頁）もご覧ください。

お金

「思い込み」ということについて書きましたが、そうじゃないかもしれないのにそう思い込んでいることが私たちには結構あるものです。恋愛でも仕事でも、どんなことでもそうですが、思い込んでいるとそれをベースに考えて行動するので、例えば「自分にはお金がない」と思い込んでいれば、お金がないことをまず考え、その上で行動するので**お金がない思考でお金がない行動**をします。

結果、お金がない現実になるのです。

私は長い間やりたいことが見つからずにモヤモヤしていたのですが、たとえやってみたいことが頭に浮かんでも**お金がないから無理**と諦めていました。預金もなく、どこから借りるとしても誰も貸してくれないとか、そんなにお金は入ってこないという強い思い込み（心のブロック）をがっちり持っていました。**何かできない理由はだいたいお金**だったので、自分が持っているお金でできそうなことを探していました。当時自由になるお金などほとんどなかったので、お金を極力使わずに何かしたいと思っていたのです。お金を使わないと何もできないかといえばそうではありませんが、そういったお金の価値観が何かをするのをしづらくしていました。

その時はわかりませんでしたが、スピリチュアルなことだけではなく、さまざまなことを学び実践してきて**願望実現をしやすくするお金の価値観**、そして**そういった価値観に変える方法**がわかったので、それをここでお伝えします。

願望実現をしやすくするお金の価値観

お金の価値観は、願望実現をしづらくしたり、またしやすくしたりします。

どんなお金の価値観が願望実現をしやすくするかというと望んでいることに価値を置きお金を使う価値がある、優先だという価値観です。価値観をもとに選択し行動するので優先されているものは手に入りやすくなります。また、私たちは自分の枠（許容範囲）というのを持っています。この許容範囲は、自分が持てる（持っていい）、扱える、自分が持つならこの額まで、と勝手に自分で思っている**お金の限度**で、**どう使うか何に使うかといったことが具体的にわかる金額**です。この枠を広げると、それをもとに選択し行動するので現実にお金を扱う、持つ額が大きくなります。

ちょっと思ってみてください。

あなたのお金の許容範囲、つまり、自分はこのくらいはわかる、扱える、それをどう使うか、何に使うか具体的にわかる金額はいくらでしょう。月にいくら、年にいくら、ぱっと思い浮かぶ金額です。

それをメモしてください。

今実際に所有していたり、過去に所有していたり、得ている金額の2〜3倍くらいまでは予想できたり、もしかしたら得られるかもしれないと思えるでしょう。あなたはその金額までお金が持てると思っているので現実でそうなっています。この枠を広げると現実で持つお金の額も大きくなるのです。

この枠は無意識にあるので、枠を広げようとして「私は年に1000万受けとれる」と頭で思っても無意識でそう思わないと変わりません。確信メソッドは無意識に直接働きかけるので、この枠を広げたり長い時間かけてできた価値観を変えることができるのです。

お金の許容範囲を広げるには、例えば**「私のお金の許容範囲は今の2倍になる、これについて確信する」**と確信メソッドをやってみてください。

ご自身の許容範囲が2倍になることが今の最善ならそうなりますし、もっと大きくなるかもしれません（一度経験した許容範囲は小さくはなりません）。そして許容範囲が大きくなったのをこの物質世界で確認するには頭（顕在意識）や体を使い行動や決断、選択をすることで物質が動いたり変化してわかります。

試しに24～48時間後にご自身のお金の許容範囲をまた思ってみて先ほどメモした金額と比較してみてください。変化は少しかもしれませんし、大きいかもしれません。変化がわからない時もあります。

《最善な時期と器》（209頁）ということについてあとで説明しますが、変化への準備期間というのもありますので、すぐに変化がわからなくても、おまじないのように気楽に繰り返しやってみてください。

人間関係の問題解決

人間関係の問題は小さなことから大きなことまでさまざまありますが、いくつか例をあげていますので、それを応用して使ってみてください。

嫌な人や苦手な人がいる

嫌だと感じたり苦手だと感じたりする人が周りにいて辛い、気が重いと感じる、というお悩みも多く聞いてきました。何かをされたり言われたりするので嫌だ、気を遣うなどということが多いのですが、一緒にいると何となく窮屈に感じるとか合わないとか、理由はさまざまです。

そんな時は**「○○が気にならなくなる、これについて確信する」**や**「○○が嫌ではなくなる、これについて確信する」**など確信メソッドをしてみてください。

また、Aさんのキツイ口調が苦手で嫌だと感じたら**「Aさんのキツイ口調が苦手で嫌だと感じる、これについて確信する」**と思っていることをそのまま確信メソッドをしていただいてももちろん結構です。潜在意識で自分と他の最善を確信すると、その人と会わなくなったり、いても気にならなくなったり、その人の感じ方が変わったりします。

第6章の**《相手（の気持ちや行動）を変えたい、こうなってほしい》**（108頁）のところでも言いましたが、自分以外の人をどうこうしようとしても、本人の気持ちや行動は本人によります。ただ、それでも調和をとりながら最善を確信することは意味のないことではないと、今まで確信メソッドをしてきて感じます。

嫌な思いをしているのに言えない

立場や権力を感じる

ハリウッドでは、誰も歯向かえない権力を持つプロデューサーがある女優へセクハラ（セクシュアルハラスメント――性的な嫌がらせや言動を行う、強要する）をしていたことが明らかになり、同じ被害を受けた女優が数十名も次々と声を上げました。それは数十年間黙認され続けていたのです。無名の女優が訴えたとしても、ただもみ消されるだけ。実際に、セクハラの事実を知り合いやそのプロデューサーを知る俳優に相談したけれど、軽くあしらわれたということもあったそうです。日本よりも女性が意見を言えるという印象があるアメリカでさえも、このようなことが起こっていたのです。

日本でもセクハラやパワハラ（パワーハラスメント――社会的な地位や立場の強い者がその力を利用した行動、嫌がらせ、精神的・身体的苦痛を与える）問題がとり上げられるようになってきましたが、まだまだ声を上げることは怖い、そんなことをしても傷つくだけ、無駄、と思ってしまう場合も多いと思います。でも、声を上げないと気づかれないのです。それではなかったことにされてしまいます。そうすると同じようなことが繰り返されるのです。

そして、もしそういうことがあったとしても、よく思い出せない部分がある（防衛機制で押し込めてしまっている）、相談しても無力だと感じるというのは私自身も経験し、長い間心の奥底にあったのでわかります。

どうしてその時反抗しなかったの？

やめてと言って逃げられたでしょう？

それはあなたが同意したということじゃない？

そんなふうに言われると**自分が悪かったんだと思ってしまいます。**セクハラやパワハラとは言えないことなのかもしれない、と思って**心にしまってしまう**こともあるでしょう。もしかしたら本当にそうかもしれませんが、そうじゃないかもしれません。また、すごくショックなこと、知られたくないことは言いたくない、忘れたいと思ってしまいます。

権力は思わぬところで使われます。それがわかっていて利用する場合だけでなく、自分では意識していない場合があり、弱い立場にいる人はどうしても意識してしまうのです。それは嫌だ、やめてほしい、ということをなかなか言えずに自分の心にしまってしまいがちです。子どもそして女性がその対象になることが多いのですが、年齢、性別に関係なく、それは起こり得ます。

欲は本来、人間として生きるために与えられた愛だと思うと言いましたが、それは**ただ自分さえ満たされればいいということではなく、他の人との調和があってのこと**です。

もし今あなたが、セクハラやパワハラだと思うようなことを経験しているとしても、誰にそれを言ったらいいのか、どうしたらいいのかさえもわからないかもしれません。専門的な機関や安心して相談できるところが探せないかもしれませんし、わかったとしても相談することができないかもしれません。そのような時に使えるものをあげておきます。

「このことについて安心して相談できる」「この問題が解決する」「嫌な思いをしている根本が解決する」などどうなりたいのかを心で思い、「これについて確信する」と確信メソッドをします。一人で声を上げることは怖いことですが、それによって同じような思いをしている人が救われたり楽になったり、根本を止めることさえできるかもしれないのです。確信メソッドが全てを解決してくれるわけではありませんが、キッカケによって大きな問題も解決へと進みます。

怖くて言えない

先ほどの権力や立場の場合もそうですが、そうでなくても相手の反応が怖い、否定されるのが怖い、相手や周りがどう思うかが怖くて言えない、ということがあると思います。しかしそれを言わないとモヤモヤしたり、言えない自分にイライラしたり、それらがどんどん心に押し込まれていきます。そんな時には「**自分の意見を言いたい、これを確信する**」「**言いたいことが言えると確信する**」など、本当はどうしたいのかを心で思って確信メソッドをします。

親やパートナーとの関係をどうにかしたい

親との関係もいろいろで、第8章でインナーチャイルドと癒やし（159頁）についての実践もありますので、そちらも合わせてチェックしてみてください。親との関係での悩みを聞くことは多いのですが、実母からの依存や過干渉に悩む方も少なくありません。親ではなく、付き合っている人やパートナーから依存されたりコントロールされたりすることもあります。

こういう場合も、今どんな状態か、どうなってほしいかそれについて確信メソッドをします。心の中で**「母が私に依存しなくなってほしい、これについて確信する」**（「依存しないと確信する」というように肯定宣言をしても構いません）や、パートナーの場合**「○○との問題は解消する、これについて確信する」**と思って、確信メソッドをします。魔法のように依存しなくなる、問題が解消することもあるかもしれませんが、自分とその人、そしてその他との調和をとりつつ最善を確信します。

覚えておいていただきたいのは、確信メソッドをすると**全てが勝手に解決するのではなく、あなたが何かを決めたり実行したり、誰かに言いにくいことを言ったりすることになるかもしれない**ということです。しかし、それが**しやすいように自然にやってくる**ので、より行動しやすくはなります。過干渉や依存の場合、相手はそれであなたが悩んでいることに気づかないこともあります。相手にきちんと、依存が負担になっていると伝えることは大事です。また断ることが嫌だと感じたり、罪悪感を抱いたりする場合もあるかと思いますが、はっきりと断ることも大事です。

一人で悩んでいると精神にも影響してきますので、家族やパートナーの依存などは対応してくれる機関や専門家に相談することも頭に入れておくといいでしょう。

子ども（家族）のことが心配

子どものことが気になる、心配だ、という方も多く確信メソッドを使っていただいています。息子さんのことが心配で確信メソッドをしたMさんのご感想を見ながら、具体的な使い方をご紹介します。


「アリーさんが確信メソッドを発表した日に、さっそく息子について心配なことを確信したら、2時間後に……当時無職で引きこもりだった息子が仕事の面接行くよ、と言い出し就職を決めてきました。

それからは、毎朝、家族にとって最高最善の1日となったと確信をしています。すると日中に気になる出来事があっても、夜、布団に入る時には、今日も1日幸せだったと

思えるようになっています」

ご感想にもあるように**「○○が心配なことを確信する」**と、今の状態を確信していただいて結構です。アファメーションのように言葉をポジティブにする必要はありません。心配なのに無理に「心配ではない」と言わなくてもいいのですが、心配だと確信するのは嫌だという場合は**「心配なことが解決する。これを確信する」**と使ってみてください。**「○○が解決する（した）。これを確信する」**というのは、ネガティブなことについて確信メソッドをする時にはだいたい使えます。もちろん子どもや家族以外のことでも使えます。

そして頭頂から意識を腹まで下ろすのですが（確信メソッドの詳しい手順は第5章72頁参照）、特に心配していないところをイメージしたりする必要などもありません。

心配だと思っている状態で「これを確信する」と言うと、心配なことを確信するのではないかと考えてしまいますが、**心配なことに対して最善なことがわかった状態になるので心配ではなくなる**のです。

頭で今思っていることについて確信すると、それに対してどうなりたいか、どうなるのが最善かは真意識ではわかっています。それを潜在意識で確信して無意識でわかっている状態にするのです。そうすると、何か自分で行動が必要だったらそれを促すようなことが起きたり、状況が変わったりします（変化や気づきはわからないこともあり、目に見える変化がさほどない時もあります）。

子育て中のストレスや自己嫌悪を解消

子育て中のストレスを経験される方は多いですが、私自身も息子が生まれ、不安だったり、夫が何もしないと腹を立てたりイライラしたり、いつも緊張していて体も休めずに疲れていました。私は心の余裕がなく子育てを楽しむどころか、早く大きくなってほしい、早く何でも自分でできるようになってほしいと思っていました。感情的になったり「私だって泣きたいよ」と、子どもと一緒に泣いたりしたこともありました。子どもが1歳くらいまでは霊性を現実に活かすようなことができなかったので、息子は可愛いけれど大変、辛い、手がかかる！　といつも思っていたのです。**そう思っていたからそ**

うなったんだなと今ならわかりますが、いちいちイライラしていました。

子どもと一緒にいて何かすることはできても、途中で何度も中断して結局終えることができなかったり、買い物も自分一人なら5分で終わるのに子どもがいると20分以上かかり、そこで転んでどこか怪我したり騒いだりしてまたイライラし、ストレスがどんどん溜まっていました。そういうことがあってもイライラしないでいられるとストレスにはなりませんが、なかなか気持ちのコントロールはできないものです。

「子どもなんてすぐに大きくなる」と言われても、その時の私は全然そう思えませんでした。終わりのない苦しみや辛さだと感じていて、とにかく辛かったのです。イライラや感情をコントロールできないほど今の状況が辛いと感じたら、**「これは永遠じゃないと確信する」**と確信メソッドをしてみてください。

悲しみや怒りや名前のつけられない感情が出てきたら、**「辛い・悲しい・怒り・今感じている感情を感じていいと確信する」**と、自分をそのまま受け入れることを確信します。もし言いたくないことを言ってしまったり、したくないことをしてしまったりしたら、**「あんなこと言って嫌な気持ち、これについて確信する」**のようにそのまま今の状況を言ってもいいですし、**「あんなこと本当は思っていない」「あんなことしたくなかった」**と思ったらそう確信します。

もし「ごめんね」と言いたかったら、今からでも遅くはありません。ごめんねと言える、本当は大好きだと言えると確信してみてください。**「何が大切かわかると確信する」**というのはいつでも使っていただけます。

子どもと一緒に確信メソッドをする

子どもに確信メソッドをしていいですか？　と聞かれる時があります。自分以外の人は自分と同じく尊い存在で子どももそうです。まだ小さく判断もつかない子どもであっても感じる力はありますし、スピリチュアルな部分を持っています。自分が思うように子どもも望むというわけではありません。子どもが心配、こうしてあげたいと思ったとしてもそれはあなたが思うことです。基本的に確信メソッドは自分のことについてしますが、第5章の《他者への確信メソッド》（76頁）を参考にしてみてください。

朝が苦手な6歳の娘さんに確信メソッドを一度見せて一緒にやってみると元気に起床し登校したので、そのあとよくお子さんと一緒に確信メソッドをしているというご感想をいただいたMさん。どのように確信メソッドを娘さんとしているかというと、『もっと眠りたい』と目を開けられずにいる娘さんの頭にMさんが手を当てて、『○○ちゃんはもっと眠りたいのを確信する』と言って、頭からおへそまで手を下ろすと、おへそで娘さんも一緒に声を合わせて『ゼロを通過～』と言い、Mさんが手をお腹まで下ろし『お腹が愛で満たされてきました～！』と言って光を送る身振りをすると、娘さんも起きだして一緒に光を送る身振りをしているうちに目もパッチリになり、そのあとは朝の支度をして元気に登校される、ということです。

「子どもと一緒に確信メソッドをやっていて、いいなと実感しているところは、結果はどうであれ**〝必ず最善になる〟**と思いながらやっているので、**私が無意識にこの子をコントロールしようと思ってやっていない**ところ。親子でやる確信メソッドは、結局その日子どもが学校を休むことになったり、私の期待通りに目覚めなかったりしても、それはそれで今はそれが最善のことなんだと思えるので、**子どもに対して過剰な期待をしない関わりができる自分（母親）でいられる**なぁと実感できています。そんな自分に何だか心地よさを感じています」

というMさんのご感想からは、不安ではなく、安心を感じます。

学校を休ませたくないという思いが、心配や焦りやイライラになります。何が一番大切かがわかると、それらからも解放されていきます。

子どもが欲しい・できない（つくれない）

子どもがなかなかできないことで辛い思いをされている方もいます。子どもが欲しいけれど、さまざまな理由で子どもがつくれない場合もあります。確信メソッドで子どもを授かるということではありませんが、プレッシャーや心配や不安などを少しでも軽くする意識転換として使っていただくことはできます。今一番大切なことがわかることも重要です。

「子どもが欲しいことについて確信する」「子どもができなくて不安（辛い）、これにつ

いて確信する」「子どもがつくれないことが辛い、これについて確信する」と、思っているいることを確信していただいて構いませんが、**「自然にリラックスできると確信する」「今一番大切なことがわかり、楽しく過ごせると確信する」**というのもやってみてください。

私自身、子どもがつくれないということを経験して辛かったことに改めて確信メソッドをしてみたら、「命は巡る」ことを私に知らせるようなことがやってきました。私の場合は2人目がつくれなかったのですが、私のところに来なかった命は違うところで生まれているとわかったのです。「生まれ変わりはある」ということを前提としたアカシックレコードの講座もしていたしわかっていたつもりでしたが、**自分に関わる現実としてそれがわかっていなかった**、気づいてなかったのです。

あらゆるところで目にする言葉がそれを教えてくれようとしていました。

そしてそうだったのか！　とわかったのは、胎内記憶と子育ての実践をテーマにしたドキュメンタリー映画『かみさまとのやくそく～あなたは親を選んで生まれてきた～』（製作・撮影・編集・監督――荻久保則男（株）熊猫堂　２０１６年）と、この世に生まれてくることはなかった妹が伝えてくれたことを語り「生きることって？」を考えさせられる、どいしゅうさんの体験のお話会を記録した映画『どいしゅうさんの「ひかりの国のおはなし」』（製作・撮影・編集――荻久保則男（株）熊猫堂　２０１５年）、この２つの映画を地域の方々に見ていただきたいと思い自主上映会をし、映画を何度も見て参加者の方々のお話を聞いたりしていて気づいたのです。

『かみさまとのやくそく』のテーマである胎内記憶というのは、お腹の中にいた時の記憶やその前の記憶のことです。私の息子が2歳くらいの時、「生まれる時に首が苦しかった」と言った（実は生まれる時、息子の首にへその緒が巻き付いていて危なかったと産婦人科の先生に言われましたが、そのことは息子は知りません）ことから始まり、私が喜ぶために来たとか未来から来たと、現在息子は8歳ですが、まだたまに話してくれます（ブログにも「未来からきた息子の話」をあげています）。

映画を通して私が感じたのは、生まれるのはさまざまな状況の中で選択する、選択せざるを得ないこともある、ということです。私のところに来なかった子も私を選ばなかったのではなくて、違うところに行く状況になったからそうしたのです。都合のいい解釈かもしれませんが、そう感じるのです。そして2人目を持たず、その代わりにエネルギーを注ぐものがある、そして最善になると思っています。

この世に生まれずに天に帰った命。生まれて間もなくこの世を去った命。幼くして断たれた命。自分を責めたり、誰かを責めたり、理由を問うたり、ただただ悲しみが消えなかったり。命の喪失に関して、確信メソッドはご本人にお任せすることにします。気軽に言えるものではないからです。

ご自身が感じていることで確信して、わかることがあるかもしれませんし、わからないけれど感じることもあるかもしれません。

自分の中の問題解決

問題は、問題ではない時があります。

問題ではないのに問題だと思い込んでいる時です。これは、そうじゃないのにそうだと思い込んで心配になったり、自分はダメだとか思い込んで悩んだりします。その場合は「思い込み」をなくすことで解決できます。「問題だ」と思っていることが、自分がそう思い込んでいるだけだとしたら、問題は頭の中でつくり上げられたものであり、実際は問題ではないのです。

思い込んでしまうと自分では気づきづらいので、他から気づきをもらう＝キッカケが必要です。そのキッカケが確信メソッドなのです。

自分はダメだと思ってしまう、自信がない

自分をダメだと思ったり、否定的に思ったりすることがあっても「そう思っている」ということであって、**「そうだ」ということではありません。**

なぜそう思っているのかはそれぞれ違います。親から長い間そう言われてきたかもしれませんし、以前何かをした時に誰かにそう言われたとか、言われてはいないけれど

「自分はダメだ」と思っているのかもしれません。しかし、そう思うことによって自信を持てなかったり、行動できなかったり、「否定的な自分」をつくったりしてしまいます。無意識にそう思い込んでいる信念――心のブロックについて話しましたが、信念やブロックは、長い間自分にあったものや、強い衝撃を受けたものなので、こう思えばいいとか肯定的に思うようにしようと頭で考えても無意識ではそう思えないので、知らないうちに否定的に思ってしまうのです。

確信メソッドは考えずに無意識から変えていく方法なのですが、どういうことに確信したいかを心で思います。その時にアファメーションのように**ポジティブな理想の状態**を確信することで心が落ち着くという方もいれば、自信がないのに「自信がある」と確信メソッドをしても「そうじゃない！」と心で強く思ってしまうという方もいます。心で思った時に何だかいい気分ではない場合は**「自信がないことについて確信する」**など**今の状態について確信**してみてください。

これによって自信がなくなるということではありません。真意識ではこれについて何が最善か、どうすればいいかはわかっていて、それを潜在意識で確信します。

自分はダメだとか、自分を否定してしまう時も**「自分はダメだと思ってしまうことについて確信する」**と、**今の状態について確信**してみてください。

自分がダメというわけではなく、ただそう思い込んでいるだけだとわかったり、自信がないのは自分でそう思っているだけだからチャレンジしたほうがいいと思えたりします。

過ちや失敗をした時、人間的にダメだと思う時

先ほどの「自分をダメだと思う」とも関連しますが、自分の問題で、例えば何かに依存してしまい、人間的にダメだと思うのであれば、それを本当は望まないということなので、本当はどうしたいかにフォーカスするようにします。私自身も拒食症と過食症を繰り返していて、そんな自分は嫌だったのですが、本当はどうしたいかにフォーカスできずにいました。しかしそのあとヒーリングをしたり自分の心の声を聞いたりするようになり、本当はどうしたいかにフォーカスすると、「依存しているものに頼らず楽しく

過ごしたい」「そんなことに時間を使わず、もっと健康になるための勉強がしたい」とか、さまざまな思いが出てきました。そうするとどんどん勉強したいことの情報を得られるようになり、そちらに意識がいくと少しずつ摂食障害の症状も良くなりました。

何かがやめられない、依存してしまうような時は「本当はどうしたいかにフォーカスできると確信する」と使ってみてください。

私たちは完璧ではなく、社会のルールに違反してしまったり、非道徳的なこと、人としていけないことをしてしまったりすることもあります。子ども同士がぶつかって「ごめんね」「いいよ」というやりとりで仲直りして終わり、そういうわけにはいかないこともあります。してしまったことはなかったことにはできませんし、それを否定することはできません。過ちや失敗は、しょうがないでは済まされない時もあり、謝るだけではなく償わなければいけないことや、やらなければいけないという責任を負うこともあります。

過ちや失敗の程度は人それぞれ捉え方に違いはありますが、私も辛い状況だったにせよとんでもないことをしたと思うことがいくつかあります。高校教師をしていましたが、1年目から辞めたくて、校長に相談するとダメだと言われ、喧嘩腰で戦闘態勢になったあと、急に全てから逃げたくなり、学校に出勤せず家出をし、次の日友人宅で見つかるということをしでかしました。この他にもここには書けないような、自分を「人間的にダメだ、ひどい人間だ!」だと思うようなことをしてしまい、その時は気分も最悪で自分を責めることしかしませんでした。しかし、私たちは人間としてダメだと思っても何も良くなりませんし、次にも進めません。あなただけではなく、もし関係している人がいればその人たちを含め、心が安らかになるように進むことが大事です。

どうしても自分はダメだと思ってしまう場合には、**「何が今一番大切かがわかると確信する」**と確信メソッドを使うと、気づきや次に進めるキッカケになるでしょう。

ただ、必要な時には行動するということ、そして「自分はダメだ」と思っている、そう決めているのは自分だということを覚えておいてください。

他人と比べてしまう

自分と他人とを比べてしまい自分はダメだと思ったり、他人がうらやましい、自分なんて……と思ったりすることもあります。

私は食べるのが遅く小学校の低学年のころ、給食時間が終わり掃除が始まっても一人で食べていて悲しくなって泣いたことがありました。「自分は頑張っても速く食べられない。頑張っていないのに速く食べられる人がうらやましい」。その時そう思ったのを覚えています。

私は小さいころから体操を習っていましたが、体はもともと硬いほうだったのでかなり努力が必要でしたし、足も遅く運動は得意ではありませんでした。絵を描けば下手で、勉強も特に優秀というわけではありませんでした。自分のことでいいと思えることはなく、何でも他人がうらやましく思えました。ゆかりちゃんは赤い自転車でいいな。ゆみちゃんのお母さんは25歳で若くていいな。ゆかちゃんの家は2階建てでいいな。大きくなっても、あの人のうちはお金持ちで海外留学させてもらえていいな。そして大人になってもあの人は幸せでいいな。

いいなと思われる人にも、いろいろ嫌なことや大変なことがあるはずです。努力していないように見えても努力しているかもしれません。**幸せに見えても幸せではないかもしれません。**

私は今も食べるのがあまり速くありませんが、それをどうにかして速くしたいとは今は思いません。そこにフォーカスする必要がないとわかったからです。得意なことやできることはそれぞれ違います。できないことにフォーカスしなくても別にいいのです。自分がいいと思うところ、「自分がいい」にフォーカスすると決めたら気づきはじめます。そうすると人と比べなくてもよくなるのです。

他人と比べてしまう、他人と比較して自分なんてと思ってしまう時などに、**「『自分がいい』にフォーカスする。これについて確信する」**と確信メソッドを使ってみてください。

選択を間違えるのではないかと思って行動できない時、選択を後悔した時

選択することに関して行動できないことは、パートナーや家族のこと、自分の立場や状況を考えてできないなど、自分以外の人や事を考えてできないことも含みます。

「間違えた選択をしてしまうんじゃないかと思って行動できない」

「直感で行動したあとで自分の選択が間違っていたと感じることがよくある」

この「間違えた選択」とは「自分にとっては良くない選択」ということです。しなきゃ良かったとか、ＡとＢで迷ってＡにしたけどＢにすれば良かった、と後悔する気持ちになったり後悔まではいかなくても、ＡにしたけどＢにしたらもっと良かったんじゃないかと思ったり、集まりに誘われたけど行かなかった時に行ったほうが良かったかもと思ったりします。

「間違えた選択」だと決めるのは自分なので、**自分が自分の選択をどう解釈するかによって良し悪し、正しいか間違っているか、が変わります。**それゆえ良くないと思える状

況は、他の選択をしたから良くなるというわけではありません。**どれを選択してもそれをどう思うか、なのです。**

例えば、仕事に行くのに遅れそうだったので近道を通ったら工事中で、結局遅れてしまった。「近道を選んだら遅れた」という結果にフォーカスしているので近道しなかったら遅れなかったかもと思ったりします。しかし遅れそうだったから近道したわけで、近道しなくても遅れたと思えば「間違えた選択」ではありません。

実際は近道しなかったら遅れなかったかもしれませんが、それはわかりません。どっちにせよきっと遅れたんだからしょうがないよね、と思うことができたら気が楽になります。

こんなふうに納得できる理由を見つけてそう思えればいいですが、それができないから迷ったり後悔したり悩んだり自分を責めたりします。良いとは思えない状況になっていると感じたら、良い選択だったと思わないのは当然で、それを無理に良かったとは思えません。選択する前やあとに**「私の選択は最善だということを確信する」**と確信メソッドをやってみてください。

この世では時期（とき）が大事

大事な人が危篤の時に「来月だったら会いに行けるから！」とは言いません。この世では「時期（とき）」がものすごく大事なのです。

これは第11章の最善な時期の話（209頁）にもつながりますが、「今」だから意味があることがたくさんあります。前章のビジネスのところでも書きましたが「今」求められるものが時期を過ぎると求められなくなります。

私はスピリチュアルの講座やセミナーをしていますが、それも同じで「今受けたい」というニーズは数か月先、数週間先、もっというと次の日にはなくなる可能性がありますし、自分も「今提供できる」ものは「今だから提供できる」もので数か月先はできない可能性もあります。

息子が3歳の時にニューヨークで私の講座を受けたいというニーズがあり、私は最初、子どもを主人に預けて一人で行くつもりでした。それを伝えると主人に子どもが大きくなってからではダメなのか？　と言われました。でも、私にとってニューヨークで講座を希望されているというチャンスは「今」しかないとわかっていたのと、子どもを連れてでもいいから行きたいと思い、ニューヨークに子どもを連れて行きました。不安ももちろんありましたが、自分がどうしたいかが明確だとその他のことはそれに従って最善になります。

チャンスだとか、「今」だ！　と思うのに本当の自分の望むことを選べないと思ったら**「今一番私にとって大事なことがわかると確信する」**と確信してみてください。そしてそのあと、自分の望むことを選べたとしても、自分の望むことを選べなかったとしても、それはそれで最善なのだと思うことがあるはずです。

ちなみに確信メソッドは、**自分に言い聞かせるためにするのではなく、どんな選択も間違いはない、**自分の選択によってだけさまざまなことが起こるのではない、ということを頭ではなく**腹で確信する**ことで、「こうしなきゃよかった」ではなく**「これが大切なんだ」というのがわかってきます。**

私たちは日々選択をしますが、それが全てではないのです。宇宙の中に存在するのは見えるもの見えないものを含め、自分だけではなくそれは絶えず動いていて自分の選択だけでそうなるわけではないのです。

今大切なことについて意識を向けると、今まで見えなかったことが見えてきます。**今すべきことがわかり行動へと導かれることもありますし、心静かに過ごすこともできるのです。**

何をすればいいかわからない、行動できない、したいことができない

何をしたらいいのかわからない。
したいことができない。
したいことがたくさんあって、何から手をつけていいかわからない。

そんな時に何が大切か、何が今最優先かがわかり、行動につなげられるワークをやってみましょう。

①あなたが「自分にとって大事なこと」だと思うことは何ですか？　浮かんだ言葉など何でもいいので複数書いてください。
（例――完璧、安定、思いやり、情熱、名声、お金、調和、自由、愛、時間、家族、尊敬、楽しむこと、仕事、チャレンジなど）

そして一番大切なこと、その次に大切なこと……と大切な順に番号をつけるか、並べ替えてください。

②優先順位が高い「自分にとって大事なこと」と現実のズレがあること、行動ができないことなど、もしあればどんなことか、それらがこうであったらいいと思う理想の状態がわかればそれを書いてください。

③それらについて「○○を現実にすることについて確信する」と確信メソッドをしてみましょう。

病気は治せるか

確信メソッドで、病気や怪我などを治せるのかという質問もいただいています。確信メソッドは医療行為、治療としては使えません。気持ちの切り替えのキッカケになり、心が落ち着いたり、気持ちが楽になったりすることはあっても、病気を治すことはできません。精神的な病気も同じです。ご自身が病気の時に良くなりたいと思う気持ちや、ご家族や友人などが病気の治療をしている時（もしくは治療の限界やこれ以上何もできない状態の時など）、治って元気になってほしいと願う気持ちになりますが、そのあなたの気持ちに対して確信メソッドはできます。

確信メソッドをすると心が落ち着いたり、心配しなくてもいいと思ったりします。ご病気の方がそんなあなたの状態を察したり感じたりして、ご自身も安心したりします。確信メソッドは何度していただいても構いませんので、おまじないのように使っていただければと思います。

こんなものにも？　確信メソッド

確信したって変わるわけない！　と思うようなことも、確信メソッドをしてみると意外なことが起こります。自分と他はつながっているのです。何かを思い通りにしようと思うと変わりませんが、**確信することで自分を信頼できる**と言いました。それが自分の内、外、自分の周りに変化を起こすのです。日常的な「ちょっとした」こうだったらいいなということにも確信メソッドを使っていると、「もっと大きい（と自分が捉える）」こうだったらいいなでも実感しやすくなります。

日常的な「ちょっとした」こうだったらいいなを実際に使っていただいている例を紹介しますので、ご自身の状況で使えそうなものがあったら「そんなことあるわけない！」と思ったとしても、トレーニングの感覚でやってみてください。

探し物に確信メソッド

私は本当によく探し物をします。決まった場所に置いておいたはずなのに、出かけようという時に鍵やお財布がないということがよくあります。そんな時に確信メソッドをすると、だいたい出てくるのです。同じように使っていただいたというTさんの例を見てみましょう

「旦那さんと探し物をしていて、アチコチの引き出しを探しても見つからなくて『探し物がすぐに見つかる、それについて確信』をしたら、気になった引き出しがあり、もう一度開けて奥を見たら探し物が見つかったのです。何度も探した引き出しなのに。この時『確信メソッドすごい‼』と思いました」

確信メソッドを他のことにも使っていただいていて、大きく気持ちが落ち込むことや不安になることが少なくなったというTさんは、**「探し物がすぐに見つかる」**と理想の

状態を思って確信メソッドをしました。そのようにしていただいてもいいですし**「鍵を見つけたい、これについて確信する」**というふうに、現状をそのまま思って確信メソッドをしていただいても構いません。私の場合、探し物をしている時に確信メソッドをすると、

①あたふたしなくなり思い出す
②ふと直感で場所がわかる
③急に何かのついでに出てくる

このような形で探し物が見つかります。焦っていると思いつかないことを、心が落ち着くと思いついたりします。確信メソッドは潜在意識で確信するので心が落ち着き、置いた場所を思い出したり直感でわかったりすると推測しています。

しかし、たまに今までなかったところにテレポーテーションのようにふと現れることもあり、それは不思議だなと感じます。もし何か探す時には、確信メソッドをやってみてください。

駐車場の場所確保に確信メソッド

駐車場の場所を確保したい時に確信メソッドをする、というのはご感想でも多くいただいているもののうちの1つです。私もする時があり、最善な場所を確保できる時もあれば、そうじゃない時もあります。そうじゃない時も、伝えたいことがあった知り合いが近くに停めていて、それを伝えられたということもあります。つまり結局全て最善になるのです。

次にご紹介するのは、駐車場について確信メソッドをしたら面白かった！　というAさんの例です。

「確信メソッドを使うと、自分が魔法使いになった気分になりますね。今日は、満車の駐車場。信号待ちの時点で満車のランプが灯っていたのですが、何だかいける気がして確信メソッドで『バッチリのタイミングで空車になる』と確信したら、ちょうど私が着くピッタリのタイミングで空車に。

少しでもズレたら私が通り過ぎるか前の人が停めちゃっていたので、まさに私のためのスペースでした。確信メソッドで雨が止むのは鉄板ですが、駐車場にもガッツリ効果ありますね。これからも楽しくメソッドを使っていきます」

Aさんは「バッチリのタイミングで空車になる」と、理想の状態になることを確信されました。例えば「入り口に一番近いところに車を停めたい、これについて確信する」というように、今そう思っているという願望をそのまま言ってそれについて確信する、というのでも構いません。もしAさんのように、確信すると思った通りに現実がなったら、面白い！　と感じるでしょう。

天気や交通状況に確信メソッド

先ほどの駐車場のご感想でAさんが「雨が止むのは鉄板ですが」と言っていたのに驚かれる方もいるかもしれませんが、確信メソッドを天気や交通状況などに使っているというご感想も多数いただいていますし、私も使うことがあります。雨予報じゃなかったのに突然雨になり、移動しないといけない時や、時間に間に合いそうにない時、道が混んでいる時などですが、それぞれの都合で天気や交通状況が変わるなんてあり得ない！と思われるかもしれません。

これも確信メソッドをすると、雨になっても天気になっても、時間に間に合っても間に合わなくても、結果的に自分には最善になります。

〈確信メソッド応用編〉

癒やしとインナーチャイルド

～あなたが「本来の自分」を生きるために

Confidence Method Book

第 8 章

確信メソッドによってインナーチャイルドが癒やされた、自分の本当の気持ちがわかったなどというご感想をいただいたことにより、本来の自分を知る方法と願望実現法を伝える「インナーチャイルド確信セミナー」をしてまいりました。この章では、その中でお伝えしているものも含め、確信メソッドの応用としてご自身でできる、インナーチャイルドが癒やされ、「本来の自分」を生きるための実践方法をご紹介します。

まずインナーチャイルドと関連することについて簡単な説明をしてから、実践に入っていきます。

幼いころは養育が必要なので親や保護者に育てられますが、その過程で心と体、そして脳が成長していきます。その時に影響を受けるのがインナーチャイルドです。そして自分の中に子ども（チャイルド）だけでなく、大人（アダルト）、親（ペアレント）もいます。大人（アダルト）は客観的に判断し処理する大人の部分で、親（ペアレント）は親の部分です。

インナーチャイルドとは？

インナーチャイルドは「自分の中の子どもの部分で、通常は隠れたところにある、遊び好きで自然で創造力を持った部分であり、しばしば子どものころ経験したことによる怒りや傷ついた思いや恐れなどを持っている」と英語の辞典（Merriam-Webster）で定義されていますが、日本の辞典では「幼児期の不幸な体験によって抑圧されているとされる隠れた真の自己」（プログレッシブ英和中辞典 第5版）とされています。

一般的には**子どものころに経験したことで心に傷を負った子どものイメージや、その感情などをイメージ化したものや信念**などを指します。**インナーチャイルドが癒やされないまま成長し精神的影響を受けているアダルトチルドレン**の生きづらさが世に知られ、インナーチャイルドを癒やすことが広がり、インナーチャイルド＝癒やすというイメージを持たれるようになりましたが、**インナーチャイルドというのは「誰もが持つ本来の自分」**であり、ネガティブでもポジティブでもなく、**自由で無限の可能性を持った**

自分の内にある存在で、「肉体を持つ人間」と近い距離にいて、私たちが「霊性」を持っていることを気づかせてくれる存在でもあります。

私の曽祖母は生まれて間もない私を見て、こう言いました。
「この子は非常に頭がいい。偉大な人になる」

同じように、お腹にいる子や生まれて間もない赤ちゃんが、例えば後にノーベル賞を受賞するとか素晴らしいことで世界に貢献するとか、そういうことを思うのは親バカなだけだと思う反面、そうなるとわかっているとか信じているわけではないけれど、そういう可能性はあるという期待や理想はあるでしょう。そしてそれは否定できません。このように生まれる前や生まれてすぐの時、**私たちは無限の可能性を持った存在**でした。しかし成長していくにつれて、その**無限の可能性には枠ができて**その枠の中でしか「可能性」として認識されなくなります。肉体的、精神的、環境的なこと、自分自身だけでなく周りの影響など、さまざまな要因によって枠ができ、枠の外は見えなくなってしまいます。しかし、自由で無限の可能性を持つ本来の自分の存在がそこにあるのです。

インナーチャイルドは**「肉体を持つ人間」と近い距離にいて、私たちが「霊性」を持っていることを気づかせてくれる存在**だと言いましたが、人間の自分も知っていながら枠の外を知っている形がない存在です。1つのスポットに光が差し、そこに土が見えるとします。周りは暗闇で見えないけれど、その土の周りには色とりどりの花が咲き乱れる花畑が果てしなく広がっています。私たちは見えない花畑はないものとみなし、見えるところは土だけなのでそれが全てだと思い、「土しかないし。きれいじゃないし。花を植えても数本だし」と、その範囲内で考え、行動し、生きようとします。どんなふうに自分を見るのかも、この範囲内にとどまります。

私たちが持つ「霊性」はこの範囲外を照らす光のようなもので、直感や偶然の一致、良いタイミング、信じられないようなことを起こすなど、論理的に説明することができないものです。そして私たちそれぞれにあり、肉体を持つ人間を生きる上で働いているものでもあります。自由で無限の可能性を持つ本来の自分がわかると、そういう「霊性」を体験し、気づくことも多くなります。

さて、アダルトチルドレンという言葉が出てきましたので、これについて少し説明をしましょう。

アダルトチルドレンとは？

養育放棄や虐待、アルコールや薬物などの依存がある親など、機能不全家庭で育ったことにより心的外傷を負い、成人後も生きづらさなど精神的影響を受けている人々をアダルトチルドレンと言います（アダルトチルドレンは複数形、アダルトチャイルドは単数形という違いがありますが、日本語表記でどちらも使われています。英語を日本語に訳したので両方が存在すると思われます。文法的には1人のことを言う時にはアダルトチャイルド、2人以上の時にはアダルトチルドレンになります）。

インナーアダルトを育てる

自分の中には大人の部分（インナーアダルト）があると言いました。**自分の中の大人を育て、自分の人生を選択する力を持つ**ことで、**本来の自分（インナーチャイルド）と**

無限の可能性を感じ、幸せは自分で選択できることがわかります。

インナーアダルトを育てる上で大事なことの1つ目は、**自分を認めること**です。それをこの本でも取り組んできましたが、親や周りから承認を得られなかったことで「自分は認められない」と思い込み、自分で自分を認めるのが難しくなることも多いのです。認めてほしかったとか、自分が大事だと思えるような態度をしてほしかったなど、欲求が満たされなかったことに関するさまざまな感情があり、一気に解決しようとしてもうまくいきません。それらをないがしろにせず対処することは、大人としての自分を育てます。

それに関連して2つ目に大事なことは、**感情を感じること**です。感情を感じると、自分のニーズ（本当の要求）に気づきます。**過去と現在のニーズを認め、ニーズの解決をしていきます。**ニーズの解決は、今にフォーカスするとできやすくなります。ニーズを解決する時、本当は嫌なのに受け入れていたとか、無力で何もできなかったから、怖かったから言われたままにしていたなど、**侵されていた領域に気づく**こともあります。それに関しての感情も出てくるかもしれません。感情が出ないようにとか、自分さえ我慢すれば済むからと、感情やニーズを**コントロールしようとする自分に気づく**かもしれません。インナーアダルトを育てる方法については『子どもを生きればおとなになれる〈インナーアダルト〉の育て方』（クラウディア・ブラック著　アスク・ヒューマン・ケア　2003年）に詳細に紹介されています（著者のクラウディア・ブラックは、ソーシャルワーカーでアルコールや薬物依存の親を持つ人々の援助をしていた時、グループに分けてプログラムを提供し、大人のグループをアダルトチルドレンと名付けたことから、アダルトチルドレンという言葉ができたということです）。

本を参考にしたり、確信メソッドを使っていただいたりすることはインナーアダルトを育てるのをサポートしますが、自分だけで解決できない心の問題もありますので、心理カウンセラーや専門家に相談する方法もあると覚えておいてください。ただ、自分を認めることも過去から今にフォーカスを移すことも、ニーズに気づくことも自分を癒やすことも、**他の誰でもなく、あなたしかできないこと**なのです。

もし、確信メソッドをして満たされていない心や癒やされていない心が癒やされたり、怒りや悲しみなどの感情が癒やされたりしたとしても、それは確信メソッドではなく**あなた自身が自然にしていること**なのです。

確信メソッドをすると今にフォーカスし、今自分にとって何が大切なのかがわかるようになり、自然に自分の中で癒やしが起こります。その癒やしと確信メソッドについて実践を含めて説明します。

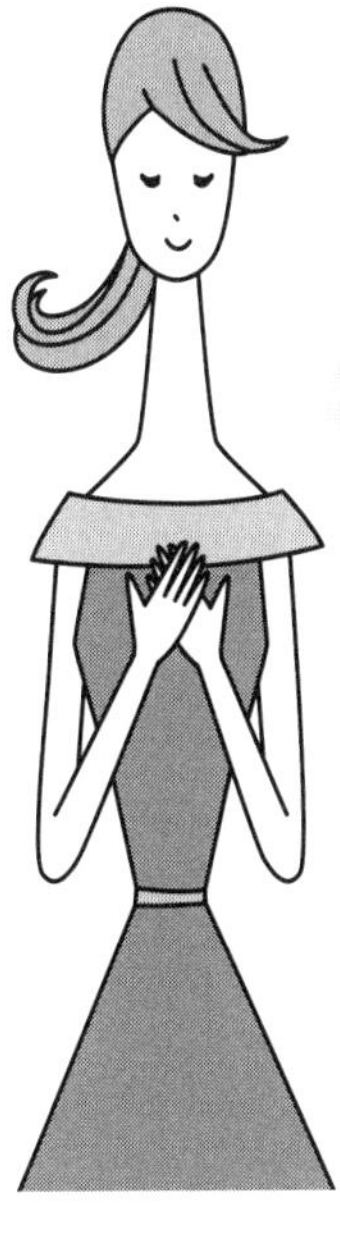

癒やしについて

私たちは辛いことやショックなこと、受け入れがたいことなどが起きると自分を守る安全装置（防衛機制）が働き、無意識で辛いことをなかったことにしたり（否認）、心の奥へ押し込んだり（抑圧）します。もちろん大人になってからでもそれは起こりますが、幼少期にそういった体験をするとインナーチャイルドが癒やされずに成長し、生きづらさを抱えるというアダルトチルドレンについてお話ししました。インナーチャイルドも含めて、過去に起こったことに関して傷ついた心を癒やすことで前に進めたり、平安な気分で毎日を過ごせたり、できなかったことができるようになったりしますが、どこまで癒やせばいいのでしょう？

それは、「癒やされたと自分が決めた時」に癒やされるので、その時までです。「癒やす」ことにフォーカスしている間は、その問題は解決しません。「癒やされたい」「癒やさなければ」「癒やせば全て良くなる」がずっと続くからです。

頭で「癒やされたと決める！」と思っても、癒やされていない、癒やさないと、どうしても思ってしまいます。本当はそう思っていないのに癒やされたと頭で決めても、また癒やされていない気持ちを押し込めてしまい、癒やされていない状態は続きます。深い悲しみや怒り、憎しみ、辛さ、そしてそれによって育った「自分は生きていると迷惑だ」などの観念が長い間心にあり、自分の一部となってしまって、それを簡単に手放すことができないのです。

ではどうすればいいのでしょう？

まず最初に、もう大人になったあなたは、誰かに育てられる必要もなく自分の責任で自分の自由意志で決定でき行動できる、ということをわかっておいてください。そして、「癒やされたと決める」のですが、「癒やされたと決める」のは頭でなく潜在意識＝腹です。癒やされたと腹で決めて「今の自分にフォーカスする」と、自然にインナーチャイルドも癒やされるのです。

「今の自分にフォーカスする」というのは過去の自分はもう癒やさなくていい（完了と腹で決める）、今の自分に必要なこと、大事なことがわかる状態にすることです。

もう癒やさなくていいというのは、起こったことをなかったことにするとか忘れることではありませんし、あなたが傷を負ったことは重大で、それを何でもないとやりすごすのでもありません。あなたを傷つけた人にはその責任がありますし、過去にあったことに対するあなたの感情を否定しません。その上で、今ここにある人生にフォーカスすることを選ぶのです。

これを頭でしようと思っても変えることはかなり難しいですし、そう思ったからといってパッと変えられるものではありません。確信メソッドは無理やりそう思うとか、ただ言うというものではなく、無意識から最善を確信するものです。確信メソッドは自分が癒やされたと決めるキッカケにするもので、「あくまでも決めるのは自分」だということは変わりません。このキッカケを使って癒やされていないと感じることを手放したい時には、次のように確信メソッドを使ってみてください。

「癒やしが必要なところは癒やされて、今の自分にフォーカスしていると確信する」

これは魔法ではありませんし、一瞬で解決するものではありませんが、あなたの中の自分を信頼する力は少しずつ上がっていきます。

インナーペアレント

「あれ、欲しいな！」と、子どものように素直に思ったとします。そうするとすぐさま「あんなもの、買うだけ無駄。もっと役に立つものを買わないと」とそれを批判して、やめさせるようなもう１つの声が出てきます。「あれ、欲しいな！」というのがインナーチャイルドで、それを批判したのはインナーペアレントです。

子どものころの親の言動や価値観を、その時の解釈で受け取り、親像として形成されたイメージがインナーペアレントです。

親だけでなく周囲の人も含まれますが、大部分は親のイメージです。自分に対する親の言動が嫌だったから、そうしないようにしようと思っても無意識に同じようにしている時があります。それは**親の行動や考え方が、インナーペアレントに受け継がれている**からです。

実際は親のその時の言動といっても、その時まだ成長していない子どもの脳で解釈して受け取ったものなので、形成したイメージと実際は違うということもあり得ます。子どものころよく怒られた、叱られた、という記憶が残っている方は多いのではないでしょうか?

「順番を待たないといけないよ」「お金を払わないで持って来ちゃダメだよ」など、教えないといけないことを注意された時に、実際はそんなに怒られてはいないけれどひどく叱られた、怒られたと強烈に意識に残ったりします。しかしみなそうだということではなく、感情をコントロールできない親に何も悪くないのに怒鳴られたり叩かれたり虐待されるケースもあります。

ルールや危険なことなどを学び、してはいけないこと、するべきことを判断していくのにこのインナーペアレントが出てきますが、**子ども時代には必要だったかもしれないことが、大人になった今、必要はないのにインナーペアレントによって行動が制限されてしまうこともあります。**

もう大人になったあなたは、誰かの価値観や意思によってではなく**自分で判断し、自分で決定し、行動できます。**

これに気づきながら、自分でつくり上げたインナーペアレントを再形成し、自分を受け入れ、自分の人生を決断できるベースをつくるワークを紹介します。これらのワークをしていて、あなたの実際の親のことを思ったりイメージが浮かんだりするかもしれません。もしそうじゃなくても、親からの影響は受けているものです。しかしこの**インナーペアレントはあなたの親ではない**のです。

親の価値観や言われたことではなく、自分で感じて決定・判断するため、自己受容を進めるため、そしてあなたがあなたの人生を生きるために、次のワークを実践していただければと思います。

インナーペアレントのイメージの変換を確信

インナーペアレントは、もともと自分でつくり上げたものです。親のイメージが大きいのですが、**親そのものではなくイメージ**だということを認識してください。**もともと自分でつくり上げたものですから、自分で形成しなおすことができます。**

あなたのことを否定したり批判したり、大切に思っていない、愛していないインナーペアレントがもしあなたの中にいるとしても、それは自分でつくり上げたイメージです。このイメージを持ち続けることもできますが、違うものに変えることもできます。あなたはどうしたいですか？　違うものに変えたい場合は、インナーペアレントのイメージを無条件の愛に変換することを確信しましょう。

「自分を否定したり批判したり、自分を大切に思っていない、愛していないインナーペアレントのイメージを無条件の愛に変換することを確信する」と確信メソッドをしてく

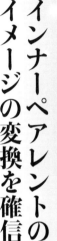

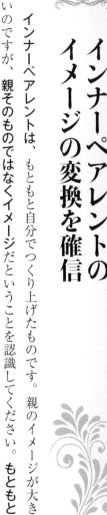

ださい。

「頭頂から腹まで意識を下ろす」と思います。腹はおなか、おへその下握りこぶし一個分くらい下の所です。おへそを通ったところで**「０（ゼロ）を通過」**と思います。

そして、**「腹を愛で満たす」**と思ってください。

おなかに両手を当ててみてください。だんだん温かくなり、体全体をその温かさが包みます。

その際に出てくる、辛かった、悲しかった、愛してほしかった、などの感情があれば、押し込めるのではなく、そのまま感じてください。

深呼吸をしましょう。

鼻から息を吸い、吸いきれなくなったら口からゆっくりと吐きます。イメージと感情の消失を促し、心も落ち着いていきます。

もう否定したり、批判したり、受け入れてくれなかったりするイメージはありません。無条件の愛に変換されています。

あなたの中にいる「親」は長年かかってできたものですので、すぐに変わらないかもしれませんが、あなたがつくってきたものですから自分で変えていくことは可能なのです。この**インナーペアレントはあなたの実際の親ではありません。**自分を受け入れることができるような「親」を、自分の中に持つための再形成をしていきましょう。

インナーペアレントの再形成

あなたのインナーペアレントはあなたを無条件で愛します。どんなあなたも受け入れます。どんな時もあなたを受け入れ、愛し守ってくれるインナーペアレントです。

もしあなたが自分はダメだと思っても「そう思うんだね」と、そんなあなたを受け入

れ、無条件の愛で包みます。

「永遠にどんな時も自分を受け入れ、愛し守ってくれるインナーペアレントを確信する」と確信メソッドをしてください。

「頭頂から腹まで意識を下ろす」と思います。腹はおなか、おへその下、握りこぶし一個分くらい下の所です。おへそを通ったところで**「０（ゼロ）を通過」**と思います。そして、**「腹を愛で満たす」**と思ってください。

おなかに両手を当ててみてください。だんだん温かくなり、体全体をその温かさが包みます。

深呼吸をしましょう。

鼻から息を吸い、吸いきれなくなったら口からゆっくりと吐きます。何も感じないかもしれませんし、安心感や安堵感を感じるかもしれません。

このインナーペアレントと共に過ごしてみてください。

「自分の中の『親』は自分を受け入れている」と頭で考えると、そんなことない、と思ってしまうかもしれません。インナーペアレントの変換の確信と再形成は、頭で考えて納得するということではなく、無意識でそれを確信し、**「自分は受け入れられていい」「自分は愛されていい」**ということを、誰かに影響されず自然にそう思うためのキッカケです。これが全てを変えるということではないのですが、少しずつ目に見える変化につながっていきます。

この世には親以外にあなたを大切に思う人が必ずいる

今までさまざまなご縁でお会いした方々には、親（親戚なども含め）との関係で辛い思いをされた方がいらっしゃいます。

そして今もなお、大切にされなかったという思いや、親が嫌い（嫌われている）、親と合わないなど、イライラしたり、どうしようもない関係に悩んだり、怒りや悲しみなどを感じたりしていて、どうにかそれを解決したいとセッションや講座、セミナーを受け、状況を変えようと動く方もいらっしゃいます。そういったさまざまなケースを見てきて気づいたことがありました。親との関係で辛い思いをされていたとしても、**必ず他**

に支えてくれたり大切に思ってくれたりする人が、誰にでもいるのです。

もしあなたがそんな人は誰もいないと思ったとしたら、これから出会います。

もしかすると、気づいていないだけで既にいる場合もあります。パートナーの場合もありますし、ふと知り合った方や長年知ってはいるけどそんなにコンタクトをとらない人などさまざまです。親との関係をどうしても良くしなければならないと思わなくてもいいのです。許さなければいけないと思わなくていいのです。

もちろんあなたの本心が親との関係を良くしたいというのであればそれを求めることは諦めずに、何か良い手があるかもしれないと心に留めておきましょう。それに取り組むのに最善な時が来たら、偶然や直感を感じたり、良い情報をキャッチしたりするでしょう。ただ、**あなたに愛情を注ぐのが親ではない場合、必ず誰かがあなたを支え、大切に思いサポートしてくれます。**

インナーチャイルドというのは「誰もが持つ本来の自分」と言いましたが、枠の内側を見ている状態では、その本来の自分の一部しか見ていないのです。主観的な思い込みや固定観念などが邪魔しているのでそれを客観的に見ることで、今まで見えていなかったことが見えるようになります。**自分のことを客観的に見るということはなかなか難しいものです。**

確信メソッドを使い、自分の本心や今何が大事かが客観的にわかるようになる方法を次の章の【〈確信メソッド応用編〉確信メソッドとマインドフルネス】で紹介します。思考から距離を置き、現実を客観的に、冷静に観ることができるようになるものです。

第9章

Confidence Method Book

〈確信メソッド応用編〉

確信メソッドとマインドフルネス

確信メソッドを使っていて、私はあることに気づきました。それは**「確信メソッドをすると自動的にマインドフルネスの状態になる」**ということです。

マインドフルネスというのは「今、ここの現実にリアルタイムかつ客観的に気づいていること」です（『マインドフルネスの教科書』 藤井英雄著 Clover出版 190頁参照）。

マインドフルネスの状態になると、一歩引いた視点から自分と自分を取り巻く現実を客観的に冷静に観ることができ、ネガティブな思考から距離を置いて冷静に考えられたり、今すべきことに集中できたりします。

もともとマインドフルネスは、**悟りを開いたブッダの手法で、禅として日本にも伝わっていた**ものです。それがアメリカにマインドフルネス瞑想として伝わり、その後、心理療法に使われたり大企業の研修でも使われたりするようになり、さまざまな分野で有効だと認識され、再度日本にマインドフルネスとして入ってきてよく目にするようになりました。

ネガティブから解放されたり集中力や効率がアップしたりするというマインドフルネ

スは、私も興味があり、調べたり瞑想したりしてみたりしましたが、何となく難しく感じていました。そうしているうちに精神科医で医学博士の藤井先生の『マインドフルネスの教科書』を手にとる機会があり、とてもわかりやすかったのと簡単にすぐできるエクササイズがあったのでカバンに入れて持ち歩き、時間がある時に実践していました。そしてある時ふと、確信メソッドをしたあとの気づきと、マインドフルネスになった時の気づきが同じだ！　と感じたのです。

マインドフルネスになろうと意識して確信メソッドをするのではなく、無意識で確信して「わかった状態」になると、無意識から顕在意識へそれが伝わり、まさに**「今、この現実に客観的に気づいている」状態**になり**自動的にマインドフルネスになる**のです。

「今、ここの現実に客観的に気づいている」状態というのは、具体的にどういうことかというと、怒っている時に「私は怒っている」、怒ってしまって自己嫌悪している時に「怒ったことで自己嫌悪した」と気づいている状態です。自分と自分を取り巻く現実を客観的に観てそれに気づくことで、感情が解放されていきます。マインドフルネスの状態になるとそのようになりますが、確信メソッドをすることで同じ状態になるのです。今までとらわれていた不安から解放されたり執着していたことを手放せたり、今自分が取り組むことがわかって行動できたりします。

ただ、マインドフルネスの状態を常にキープできるということではないので、私は必要な時に確信メソッドをし、意識してすぐにマインドフルネスになって持続できるように、藤井先生の著書にあるエクササイズなども実践して両方からのアプローチをしています。このように組み合わせることで、マインドフルネスの状態をより多く感じられるでしょう。

実践（確信メソッド×マインドフルネス）

ここでの実践は、無意識と顕在意識の両方からのアプローチで、確信メソッドとマインドフルネスになるエクササイズをします。

マインドフルネスになるエクササイズは、自分の感情や思考、行動など気づいていることに名前をつけ（＝ラベリング）、あるがままの現実を観察します。これはマインドフルネスを強化し、一歩引いた視点に立つことができるようにするものです。気になることに確信メソッドをし、そのあとで、今何かを考えていたり感じていたりしたら、それに気づき観察します。１つ例としてやってみましょう。

不安などネガティブな思考や感情にとらわれたくない時に

例えば、**イベントを開催する立場になり、なかなか計画が進まず開催できないかもと不安に感じている**とします。まず、今の自分に気づいていること、つまり「イベントを開催できないかもと考えて不安を感じている」と言葉にします。そして「これについて確信する」と心で思い、確信メソッドをします。次に、今何かを考えていたり感じていたら、それに気づきます。起こってもいないことに不安を感じている自分に気づくこともあるでしょう。

イベントを成功させないといけないと思っていると気づくかもしれません。そうしたら、そういう自分を認識します。さらに「イベントを成功させないといけないと思っている」と言葉に出して、「これについて確信する」と確信メソッドをやってみるのもいいでしょう。不安に感じている自分も、イベントを成功させないといけないと思っている自分も、客観的に認識すると、「そうなんだな。どう感じても何を思ってもイベントは開催の予定だから、まずできることをやろう」と気持ちが切り替わったりします。

確信メソッドとマインドフルネスで自分の感情や状態、そして今ある事実に客観的に気づき、今大切なことがわかると、行動しやすくなったり心が楽になったりします。

これはさまざまな場面で使えますので、次にあげた例などをやってみてください。

「　」の部分を声に出し（ラベリングし）、「これについて確信する」と心で言い、あるがままの現実を観察します。

①否定的な態度をされることや、どんな態度をされるのかわからないのが怖い（嫌なのに断れない、自分の意見を言えない）

「どんな態度をされるのか怖くて言えない」、これについて確信する。

あるがままの事実はどうでしょう。否定的な態度をされることや思われることを恐れているということの他に、「否定的に思われると決まってはいない」「自分で怖いと思っているだけ」など、気づいたことがあればメモしてください。相手と自分は違うので、どう思うかどう反応するかはわかりません。相手に期待したり、相手に合わせたり、相手の言うことに一喜一憂したりする必要はなく、その人はそうなんだと認めるだけでいいのです。「それぞれ違うから思うことや反応も違う」など、メモしたことも含め気づいたことに確信メソッドをしてみてください。

②すぐにネガティブに考えてしまう（物事、自分を否定的に考える）

「すぐに否定的に考えてしまう」、これについて確信する。

あるがままの事実はどうでしょう。事実は違うのにそう思い込んでいるということはないでしょうか。「事実がどうであれ否定的に考えている」「否定することで行動しなくていいと思っている」「最悪のことを考えて対処ができるようにしている」など気づいたことがあればメモしてください。さまざまなことに気づくでしょう。メモしたことも含め気づいたことに確信メソッドをしてみてください。

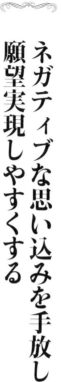

ネガティブな思い込みを手放し願望実現しやすくする

「自己肯定感が低い人は潜在意識に否定的なフィルターがたくさんある」と『マインドフルネスの教科書』の94頁にも書かれていますが、この潜在意識の否定的なフィルターというのは第2章でふれた**「思い込み」**です。

マインドフルネスになると、あるがままの現実に気づきます。ネガティブな思い込みに気づき、ただそう思っているだけなんだとわかると、そういったネガティブな思い込みを手放すことも難しくありません。ネガティブな思い込みを手放すと、願望実現もしやすくなります。願望実現が無理だとかそんなこと起こるはずないと思っていると、チャンスが来ても行動しなかったり、できなかったり、チャンスに気づかなくなったりします。**ネガティブな思い込みがない状態だと、チャンスを阻むものがなく願望実現がしやすくなる**のです。ネガティブな思い込みは環境や経験でなされていくものが多く、自分ではわかりづらいものです。

これは思い込みだ！　と気づくのにもマインドフルネスや確信メソッドが有効ですので、ネガティブなことを考えてしまうという時に、確信メソッド、マインドフルネスを使ってみてください。

Confidence Method Book

第10章

〈実践トレーニング〉自分を信頼するために

ここは5つのトレーニングルームがある大きなジムだと思ってください。ここでは自分を信頼するためのトレーニングができます。

最初のトレーニングルーム#1《自分の本来の尊さがわかる》は、自分を信頼するための基礎でその他のトレーニングをサポートします。ここから始めていただくとスムーズに進むと思いますが、順番に進まないといけないものではなく、それぞれに必要なことが最善にやってくるので、番号や順番など気にせず「これがいい！」と思ったトレーニングルームに入ってみてください。

何度同じトレーニングをしてもいいですし、1日に全てのトレーニングをしても構いません。ご自身のペースで必要だと感じる時に、必要なだけご利用ください。

トレーニングルーム#1

自分の本来の尊さがわかる

「自分の本来の尊さ」がわかっていないと、自分を信頼する上で必要な「自分を認めること」や「自尊心をしっかり持つこと」が難しくなります。つまり、自分を信頼するには**「自分の本来の尊さ」がわかっていること**が基礎であり重要なのです。第5章で「目に見えない何か（宇宙）とのつながりは、私たちが無条件に愛される存在であり、存在自体が素晴らしいということをわからせてくれるものです」と言いましたが、あなたの本来の尊さは本当にシンプルです。

本来は愛される理由などなく、あなたがつながっている大いなる何か――宇宙は、宇宙の一部であるあなたを無条件に愛しているのです。もともと私たちは宇宙で1つでした。そこからそれぞれ違う人間として分かれ、この世で生きることを体験するために私たちはここにいます。見えないけれどつながっている大いなる何かは、私たちの見た目や行動や思考や状況などに一切関係なく、それぞれを無条件に受け入れ愛しているので、**今生きているこの世で誰かに嫌われたり何か言われたりどう思われたとしても、私たちの本来の尊さには無関係**なのです。

自分がつながっている大いなる何か――宇宙は、宇宙の一部である自分を無条件に愛しているると頭で理解しようとすると、どうしても私たちは理由を考えますが、**愛される**

理由などないので考えたってわからないのです。わかるには感じるしかありません。無条件に愛されていることを感じると、自分はそういう存在なんだと頭ではなく腹でわかります。

トレーニング❶

「私は宇宙の一部でどんな私でも無条件に愛されていることを感じる、これついて確信する」と確信メソッドをします。

トレーニング❷

「私は本来の自分の尊さがわかる、これについて確信する」と確信メソッドをします。

第5章の《真意識瞑想》（82頁）も合わせてトレーニングをしていただくと、よりスムーズに感じることができるようになります（瞑想はトレーニングの前でもあとでも構いません）。

これらの確信メソッドをすると無意識で最善なことを確信し、それが自分と自分の周りにも伝わり、自分は尊い存在であり無条件に愛されていると感じたり、今までは全く気に留めていなかったことに気づいたりします。

トレーニングルーム#2

どんな自分も自分だからいい（自尊心）

あなたは他の誰とも代えることができない、尊い存在です。人間として体を持ち、見た目も違えば得意なことや苦手なこと、できることできないことがそれぞれにあります。たとえ顔が似ていても中身は違うのです。唯一無二である私たちそれぞれの存在は素晴らしいと頭で理解はできるかもしれませんが、実際自分のことを考えると「背が低いのが嫌だ」「人と話すのが苦手」など、自分を他人と比べて良くないと感じたり何かがうまくできないことに劣等感を感じたりします。

私たちは他人と比べたりして、自分の行動や能力以外に自分の状況や地位などさまざまなことで自分を認識しますが、**あなたという存在自体が尊いので、特別なことはしなくても、どんなあなたでも無条件で存在するだけでいい**のです。

これが腑に落ちていない（腹でわかっていない）と自分はダメだと思ったり、自分の行動や状況、見た目などを他と比べて主観的に劣っていると思ったり、否定的に思ったりしてしまいます。「他の誰とも代えることができない尊い存在の私」というのを頭で納得しようと考えて、もし理解できたとしても心の奥ではそうは思っていなくて、自分を否定的に思うことは変わらないことが多いのです。

いい子にしないと嫌われる、怒鳴られる。いい子でいると優しくしてくれる、何かもらえる。大人しくしている私は良くて、はしゃいだり泣いたり感情を出したりする私はダメ。私は何をしても愛されない存在なんだ、など、自分の行動で認められたり評価されたりを経験をしていく中で「自分とは」を形成していきます。親や周りに言われたネガティブなことや存在を否定されたような出来事、自分を否定的に思い込んでいることが**「自分の本来の尊さ」**を感じにくくしてしまいます。虐待やコントロールをする親ではなくても、誰でも無意識のうちに自分の都合のいいように言ってしまうことがあります。親でも大人でも人間です。イライラしたり疲れていたりして、思わず子どもが悲しくなることを言ってしまうこともあります。

どのくらい「自分とは」に**親や周りの影響**があるかはそれぞれ違いますが、それと

「自分の本来の尊さ」は無関係だとわかっておいてください。**親や誰かにどんなふうに言われたり扱われたりしたとしても、あなたの存在は尊いのです。**

トレーニング❶

「私の存在の尊さは誰かや何かによって変わらない、これについて確信する」と確信メソッドをします。

トレーニング❷

「どんな自分も自分だからいい、これについて確信する」と確信メソッドをします。

※必要に応じてトレーニングルーム＃1（自分の本来の尊さがわかる）も実践してください。

確信メソッドをする時に「ネガティブなことでも確信していい。無理にポジティブにしなくていい」と言ってきましたが、実はこれが自分はありのままでいいと思えるようになるための自然なトレーニングにもなっています。今ネガティブな状態では、ポジティブになんて思えない。それが自分です。**そのありのままの自分を確信することで、自分を受け入れやすくなります。**「自分を信じられないことを確信して自分を信じられるようになる」と言うと変に聞こえるかもしれませんが、どんな自分も受け入れるようになると、自分の存在、そしてその自分にとって大切なものを否定しません。それは自分が全て正しいということではなく、間違えたり失敗したりもする、そういう自分を否定しないということです。もしもネガティブなことを思っていて、それをどうにかしたいと思った時は、そのまま確信メソッドをしてみてください。

トレーニングルーム#3

自分には大切なことがあり、他人にも大切なことがあるとわかる（自分軸）

本来の尊さを持っているのは自分だけではなく他人もそうです。自分も他人もそれぞれが尊いのです。それが腹でわかっていること、そして「自分はどうありたいか」という本心がわかることが、自分軸をしっかり持つためには重要です。

自分も他人もそれぞれが自分の大切な物・ことを持っていて、自分が共感できるものもあればできないものもあります。その人にとってはそれが大切であり、自分がそれをどう思うかは自由ですが、自分の思ったことをその人に強制したりはできません。逆に自分にとって大切なものは、他人がどう思おうが大切です。何が大切かという価値観はそれぞれ違うので、他人が自分と同じように思うこともあれば違うこともあるのです。

トレーニング1

「自分には大切なことがあり、他人にも大切なことがある、これについて確信する」と確信メソッドをします。

トレーニング2

「自分はどうありたいかがわかっている、これについて確信する」と確信メソッドをします。

何がしたくないのか？　どうありたくないのか？　というのは本心が出やすいところなので、まずはしたくないと思うことをあげてください。メモなどに書くとあとで客観的に見られますのでよいでしょう。そのあとで、本当は何をしたいのか？　どうありたいのか？　をあげてください。

「自分がどうありたいか」は出てきましたか？　それが本心で思うことです。

それらについて確信メソッドをしてみると、チャンスや情報を得たり、行動するような状況になったり、何かがわかったりします。もし何も変化や気づきがないと思っても、焦らずに過ごしてください。確信はされているので、最善の時に起こります。

※必要に応じてトレーニングルーム＃1《自分の本来の尊さがわかる》も実践してください。

トレーニングルーム#4

自分を信頼することを選ぶ

私たちの頭の中は絶えず思考していて、そしてそれによって感情が生み出されるのを繰り返しています。そういう思考や感情に邪魔され、自分を信頼できないのですが、その他に自分を信頼することによって何か不都合になると思っているので信頼できないこともあります。例えば、誰かに自分を幸せにしてほしい、誰かが助けてくれたらいい、誰かがやってくれたらいいと思っていて、自分では何もしたくない、責任をとりたくない、自分でしないといけなくなる、などが無意識にあって自分を信頼できないのです。

自分を信頼することを選ばなくてももちろん構いませんが、この本を少しでも気になって読んでいただいているということは意味があるはずです。

これは**自分を信頼するチャンス**だと思ってトレーニングをしてみてください。

トレーニング❶

「自分を信頼すると不都合なことがある？」とあなたの心に聞いてみてください。

もし何か不都合なことが出てきたら、それは本当か、それを手放し自分を信頼したいか感じてみてください。

手放したいことがあれば、それを思って「これを手放すと確信する」と確信メソッドをやってみてください。次の章の《執着を手放す（手放し宣言）》（２１３頁）も使ってみてください。

トレーニング❷

「自分を信頼することを選ぶと確信する」と確信メソッドをします。

続けて、**「自分を信頼すると確信する」**と確信メソッドをします。

その後、自分を信頼するためにあなたが行動したり選択したりすることがあるかもしれませんが、その時に「全ては最善になる」と思うと行動や選択がしやすくなります。

次の章の《全ては最善になる》（２１４頁）もチェックしてみてください。

トレーニングルーム#5

自分を信頼する＝他と宇宙を信頼する——全てが叶う

自分を信頼することができると、他も信頼することができます。それはただむやみに誰でも信じるということではありません。他人も自分と同じように尊いとわかっているからこそ、それぞれに大事なことがあるので、どうしたいか、どうするかはその人が決めることであってあなたが決めることではないのです。もし子どもやパートナーや友人のことが心配だったり、つい口を出したり、自分の思うように行動したらいいのにと思ってしまうとしたら、それはその人を信頼していないからであり、信頼できれば心配する必要もないのです。

信頼できれば心配しなくなりますが、それは全く関心がないとか他人ごとということではなく、**その人を尊重し、もしも必要なことがあれば行動もします。**

「自分を信頼すると他人も信頼する」のはどうしてかというと、自分を信頼するとワンネスを感じる、無意識で思うといったことが起こると言いましたが、もともとは同じところ（宇宙）で1つだった私たちですから信頼ができるのです。例えば誰かが援助を必要としていたとしたら、助けるべきだとか、援助することは良いことだとか、助けてあげたいというのではなく、もっと自分ごとに近い感覚で援助が必要だと感じます。信頼しているので心配はしませんが、もし必要なことがあれば行動します。

他人を信頼できると、そのもとである宇宙も信頼できます。そしてどんな私たちであっても受け入れ無条件に愛する宇宙を信頼できると自分を信頼できる、という循環になるのです。

トレーニング❶

「自分を信頼し他人を信頼することで叶うことがわかると確信する」と確信メソッドをします。

叶うことがわかる、とは些細なことや当たり前の日常のことかもしれませんし、驚くようなことかもしれません。普段とちょっと違うといった少しの変化かもしれません。気づきは自然に、そして突然やってきます。

トレーニング 2

あなたが望むこと、こうだったらいいなと思うこと、理想の状態、あなたの願望について確信メソッドをします。そのあと、何か気づくことがあったか1日か2日経ったら思い返してみてください。何か気づいたり情報を得たりするでしょう。

確信メソッドは24時間以内に気づきや何かがあることが多いのですが、必ず24時間以内というわけではありません。気づきにくかったりわからないこともありますし、最善な時期や器の準備も関係します。これについては次の章の《最善な時期と器》（209頁）をご覧ください。

願望実現の重要なポイント

Confidence Method Book

第11章

楽しく、気楽に、効率良く願望を実現することができる**願望実現の重要なポイント**を、ワークや実践を交えてここではお伝えします。

どれくらい実現したいのか？（本気度はどれくらい？）

どれくらい本気でそれを叶えたいのか、実現するための努力や意識を向けてチャンスが来たら動くという心構え（情熱）がどのくらいあるかを**本気度**とここでは言いますが、「こんなふうになりたい！」「これをしたい！」と思ったとしたら、どのくらい本気で実現したいかということです。「いつか叶ったらいいいな」とか「まあ、そうなったらいいいな」くらいだと、かなり本気度は低いのです。本気度が低いと実現するのに必要なエネルギーが十分に送られなくなり、現実になりづらくなります。

また、本気度は執着とは違います。もし考えすぎているかも？　と思ったら、**《執着を手放す（手放し宣言）》**（213頁）も参考にしてみてください。

では、本気度チェックと願望実現の実践をしてみましょう。

①　今のあなたが望むことをどのくらい本気で叶えたいと思うかの本気度を、最大が100％だとしてパーセンテージで書いてみてください（実現しそうとか、実現しそうにないとかは気にしないでください）。願望が1つ以上あれば複数でも構いません。

例　起業する——100％　月収100万円——90％　引っ越しをする——70％

どれをどのくらい本気で叶えたいかわかりましたか？

②　**その中で本当に実現したいことについて確信メソッドをします**（いくつでも構いません）。実現したいことがすぐに現実になるかは準備期間が必要な場合や、最善な時期があります。それについては次の《**最善な時期と器**》を見てみてください。

最善な時期と器

私は、引き寄せのワークなどをして、願ってすぐ叶うものとそうでないもの、願っても叶わないものをそれぞれ体験してきました。そして願望が実現するのは一番良いタイミングの時だと思っていたのですが、確信メソッドをしてから、「器」の準備ができた上で最善な時に起こるとわかりました。今、もし「器」ができていて最善な時期なら実現しますが、そうじゃない場合は準備する時間がかかります。夢や願いが叶うことだけでなく、日々の生活での不安や問題の解消にも時間や経過が必要なことがあります。

私たちが生きているこの次元では時間や物質的なルールがあって、必要な器ができるのに時間がかかる場合があるのと、最善な時期というのもあるのです。

「器」とは？

この「器」は一般的に言う「あの人は器が大きい」の意味ではなく、気づきと行動をすることでできていくもので、さまざまな経験により変わってもいきます。

「器」は**時間や経験など、物質世界ならではのルールの中でできていきます。**もし漠然とたくさんお金が欲しいと思っていても、どうして欲しいのかそのお金をどうするのか何も考えておらず、たくさんのお金を持つ価値観になっていないとお金が入ってきても自分で考えられないので、周りや情報に振り回されたり、騙されたり、使いたくないところに大金を使ってしまったりするかもしれません。その状態では器が十分できておらず最善の時期ではないのです。

たくさんお金が欲しいという願望がある場合、「器」をつくる準備期間に「お金を持つということに良い印象がない」「自分が持てるお金はせいぜいこのくらいと思っている」と気づいたり、それを変えるようなことが起きたり、お金の利用法の情報や今まで以上にお金が入ってくるチャンスがやってきたりします。それらに関する行動や経験や気づきなどの繰り返しを経て「器」の準備ができ、そして今が最善の時期だという時に願望が実現します。**器の準備はできないこともあります。**それは自分の人生にそれほど必要なかったのだと私は捉えています。

願望が実現した時に振り返ってみると、ああ、これくらいの時間がかかったなとわかりますが、実現していないとどれくらいかかるかわからないので、まだ現実になっていないことに執着してしまったり、「どれくらいかかるんだろう」「実現しないかも」といろいろ考えて不安になったり焦ったりします。

小さいころ、目的地に着くまで「ねぇ、まだつかないの？」と親に何度も聞いて着くまでがすごく長く感じたのを思い出します。親は1時間かかるとわかっているのでまだかなと気にしたりはしません。確信メソッドは、潜在意識でこのようにわかった状態にするものなのです。

まだ願望が実現しない！　早く実現してほしい！　と思ってしまうけれど、最悪な状態で実現したくはないですよね。**宇宙の基本的な調和の波長である無条件の愛が私たちの中にもあるので、私たちは調和、最善を自然に求めます。**ですから周りとの調和も含め、自分の準備ができた最善な時に実現するのです。

まだかなと考えたり感じたりしているその時間自体が準備期間の最中で、その時に大事なことにフォーカスすれば行動もでき、気づきやすくなるので準備が進み、器ができるのを早められます。**確信メソッドは今一番自分にとって何が大切なのかがわかるので、より早く行動でき、準備期間の時短をサポートします。**

執筆がなかなか進まないのもきっと準備がまだできてないんだと思ってはいました

が、それでもやっぱり早く届けたいという思いが出てくるので、「全ては最善な時に起こるから焦らなくていいと確信する」と確信メソッドをしていました。

願いを叶えたい時に焦ったりまだかなと思ったりしたら、同じようにやってみてください。また、次の《**執着を手放す（手放し宣言）**》も参考にしてみてください。

執着を手放す（手放し宣言）

願いがまだ現実にならない！　現実は違う！　と強く思ったり、願いが叶えば幸せになれる（それ以外では幸せになれない）とか、ずっとそのことを考えている、というのは執着している状態です。

執着しているものを手放したい時や心のブロックを解放したい時に、意識と体を使って手放すキッカケをつくる手放し宣言を使ってみましょう。手放したいことは、「自分に自信がない」「お金の不安」「家族が気がかり」など何でも構いません。

① 両手をぎゅっと握った状態で手放したいことを思う。
② 「これを手放す」と言いながら、両手をぱっと開く。

ふーっと息を吐きながら、自分の中に残っているものを出してしまいましょう。

全ては最善になる

必ずしも希望通りの結果になるというわけではないけれど、全ては最善になる、という意識でいると現実もそのようになります。何かを決めなければいけない時や選択をしないといけない時も、全ては最善になるというのが意識にあるとすぐに決められます。**どれを選んだとしても結局は最善になるので迷うことはない**のです。

決めることで行動ができるようになり、それが願望実現につながります。

人生には最悪な事態だと思う時や、どうしようもない辛い状況の時もあります。しかしそれはまだ最後ではなく、最善になる途中なのです。

最後に

確信メソッドは魔法ではなくツールです。

確信メソッドをするだけではなく、行動する必要がある時は行動し、感じる必要がある時は感じ、そして頭で認識することも現実に変化を起こします。問題解決や願望実現、幸せになること全てにおいて大事なのは、もうおわかりだと思いますが、あなたです。確信メソッドは誰かや何かにお願いせず、自分で確信します。だからこそ「あなた」を信頼でき、「あなた」にとって今一番何が大切かがわかるのです。

あなたはもう全てを叶える方法がわかり、その術を身につけました。確信して自分を信頼するおまじないだと思ってもいいですし、意識転換法だと思っても結構です。どんなふうに思っても、確信メソッドやこの本を通して得た全てを使うことで、どんなステージにいる時も、あなたはあなた自身を最善に導きます。

おわりに

このメソッドを開発中、そして公開後も、たくさんの方々にご協力、応援をいただきました。確信メソッドを多くの方に知って使っていただき、願望実現とは、自分を信頼するとは、を体験してもらいたいという思いが本という形になったのもたくさんの方とのご縁を得られたからです。願望実現家として願望が実現となる過程を自分の為に、そして誰でもできるということを見ていただく為に、ブログやSNSでも発信し活動してきましたが、この出版は今まで私が願望実現した中で一番重く感じられます。

実は確信メソッドができる20年前からエッセイを書いていて、書きためたものをいつか出版したいという夢がありましたが、誰なのかわからない無名の人間のエッセイなどほぼ読まれないので、出版するなら自費出版になるという現実を見て、出版の夢は諦めていました。いえ、完全に諦めてはいなかったけれどほぼ忘れたような状態だったそれに、再度エネルギーを送り込んだのは、Clover 出版とのご縁でした。

願望実現の実践をして手応えを感じ始めてから2年ほど経った2015年12月。講座を教えていただいていた碇のりこさんが、Clover 出版から〝『こころのブロック』解放のすべて〟を出版されました（本書でも心のブロックについて書いていますが、心のブロックの解放については碇さんの著書をご覧ください）。

この時に確信メソッドで本を出版すること、自費出版ではなく出版社から依頼され商業出版することを願望として持ち始めました。

この願望が実現するまでには4年かかりましたが、意味のある4年間でした。【願望実現の重要なポイント】にも書きましたが、最善の時期と器の準備というものがあるのです。この本を書くのにこの4年が必要だったと今ならわかります。私の出版の願望には「Clover 出版から出す。小田編集長に作ってもらう」というのも追加されていました。

それが全て叶った今、また新たに夢を描いています。

日本以外でもこの本を出版し、より多くの方に確信メソッドを使っていただくことです。確信メソッドは単なる願望実現法ではなく、これからの大変化をスムーズにすすめるようにしたり、もっと深い宇宙レベルでのサポートをするからです。

この本ができ上がるまでにご協力、ご支援、ご縁をいただいた方々、お名前をあげると数えきれないほどです。出版のキッカケをくださった碇のりこさん、お声をかけてくださり、私の書きたいようにさせてくれて一緒にこの本をつくってくださった Clover 出版の小田実紀編集長、そして確信メソッド開発にご協力いただいた皆様、ブログやSNSで記事を読んでくださったり交流していただいている方々、そしてこの本を読んでくださっているあなたに、心から感謝をいたします。

最後にこの本が長い間、時を超え国を越え多くの方に届くことを確信し、それに感謝いたします。

大友　紅離裟

参考文献

『『こころのブロック』解放のすべて』 碇のりこ著 Clover 出版 2015年

『精神分析』 土居健郎著 講談社学術文庫 1988年

『はじめての「自分で治す」こころの教科書』 神田裕子著 Clover 出版 2016年

『新訳 武士道』 新渡戸稲造著 大久保喬樹訳 KADOKAWA／角川学芸出版 2015年

『腸脳力 心と身体を変える【底力】は【腸】にある』 長沼敬憲著 BABジャパン 2011年

『バシャール・ペーパーバック6 ―ワクワクを生きると自然に「いま」を生きられる』 バシャール著 ダリル・アンカ著 関野直行訳 ヴォイス 2003年

『マズロー心理学入門 人間性心理学の源流を求めて』 中野 明著 アルテ 2016年

『人間性の心理学 モチベーションとパーソナリティ』 A・H・マズロー著 小口忠彦訳 産業能率短期大学出版部 1971年

『復刻改訂版「引き寄せ」の教科書』 奥平亜美衣著 Clover 出版 2017年

『エネルギーコントロールの授業 人生を思いのまま変えていくシンプルにして究極の方法』
大原彩奨著　パブラボ ２０１８年
『インナーチャイルド 本当のあなたを取り戻す方法』 ジョン・ブラッドショー著　新里里春監訳
日本放送出版協会　１９９３年
『子どもを生きればおとなになれる〈インナーアダルト〉の育て方』 クラウディア・ブラック著
水澤都加佐監訳／武田裕子訳　アスク・ヒューマン・ケア ２００３年
アスク・ヒューマン・ケア ウェブサイト http://www.a-h-c.jp/
『マインドフルネスの教科書』 藤井英雄著　Clover 出版　２０１６年
https://www.merriam-webster.com dictionary site,
Merriam-Webster's Collegiate® Dictionary (Eleventh Edition) Merriam-Webster　２００３年
『プログレッシブ英和中辞典 第5版』 小学館　２０１２年
『大辞林 第三版』 三省堂　２００６年
『広辞苑 第六版』 岩波書店　２００８年

プロフィール

大友紅離裟（おおともありっさ：アリー）

スピリチュアル起業コンサルタント・講師・ヒーラー
ニューヨーク在住歴 12 年。
願望実現法「確信メソッド」の開発者。

北海道の高校で英語教師を務めた後、1996 年にビジネスを学ぶためニューヨークへ渡る。大学院へ進み IT 企業に入社するが鬱、摂食障害など心身の様々な不調に苦しみ、自然療法やセラピーなどを数多く受ける。体調が回復へ向かう中でスピリチュアルへと導かれ、ニューヨークと日本で心身のヒーリング、スピリチュアルのセッション、講座やセミナーを開催するようになり、受講者は 6000 人を超える。
2016 年に願望実現法「確信メソッド」をブログで公開。
現在はスピリチュアルの講座やセミナーの他、マーケティングとスピリチュアルの専門性を活かし「確信メソッド」によるスピリチュアル起業コンサルティングをしている。

公式ブログ　http://ameblo.jp/alyhw/
HP　http://alyhw.xsrv.jp

公式ブログ　HP

装丁・本文 design／横田和巳（光雅）
イラスト／門川洋子
校正協力／伊能朋子・あきやま貴子
制作／（有）マーリンクレイン
編集／阿部由紀子

たった10秒すごい瞑想 ～確信メソッド～

本当の願いは頭ではなく「お腹」で感じるからこそ実現する

初版1刷発行 ● 2020年7月22日

著者

大友《おおとも》 紅離裟《ありっさ》

発行者

小田 実紀

発行所

株式会社Clover出版

〒162-0843 東京都新宿区市谷田町3-6 THE GATE ICHIGAYA 10階
Tel.03(6279)1912　Fax.03(6279)1913　http://cloverpub.jp

印刷所

日経印刷株式会社

ISBN978-4-908033-79-7　C0011

スピリチュアルの教科書シリーズ

◆復刻改訂版「引き寄せ」の教科書
Amy Okudaira 著
四六判　344ページ　1,800円＋税
978-4-908033-58-2

◆「引き寄せ」の教科書 瞑想CDブック
Amy Okudaira 著
四六判　192ページ　1,800円＋税
978-4-908033-59-9

◆『こころのブロック』解放のすべて
碇のりこ 著
四六判　288ページ　1,800円＋税
978-4-908033-73-5

◆「言葉」が人生を変えるしくみ その最終結論。
石田久二 著
四六判　292ページ　1,700円＋税
978-4-908033-39-1

◆アセンデッドマスターより、光のメッセージ
穴口恵子／テリー・サイモンズ 共著
四六判　188ページ　1,600円＋税
978-4-908033-71-1

◆マインドフルネスの教科書
藤井英雄 著
四六判　294ページ　1,700円＋税
978-4-908033-43-8

◆私のすべてを私が許可する“眠りのセラピー”
七海文重 著
四六判　256ページ　1,500円＋税
978-4-908033-68-1

◆しあわせを創造する note
Amy Okudaira 著
A五判　96ページ　1,400円＋税
978-4-908033-78-0